VIVRE GRAND

Distribution

Pour le Canada :

Les Éditions Flammarion/Socadis
375, avenue Laurier Ouest
Montréal (Québec) H2V 2K3
(514) 277-8807 ou (514) 331-3300

Pour la France :

Dilisco
122, rue Marcel Hartmann
94200 Ivry-sur-Seine
Paris (France)
Tél. : (1) 49 59 50 50

Pour la Belgique

321, avenue des Volontaires
B-1150 Bruxelles (Belgique)
Tél. : (32-2) 762 9804

Pour la Suisse :

Diffusion Transat s.a.
Route des Jeunes, 4ter
Case postale 1210
CH-1211 Genève 26
Tél. : (022) 342 7740

THIERRY SCHNEIDER

VIVRE GRAND

Développez votre confiance jusqu'à l'audace !

Les éditions Un monde différent ltée
3925, Grande-Allée
Saint-Hubert (Québec)
Canada J4T 2V8
(450) 656-2660
Site internet : http ://www.umd.ca
Courriel : info@umd.ca

Données de catalogage avant publication (Canada)

Schneider, Thierry, 1962-

Vivre grand : développez votre confiance jusqu'à l'audace !
(Collection Motivation et épanouissement personnel)
ISBN 2-89225-371-3
1. Confiance en soi. 2. Vie - Philosophie. 3. Courage. 4. Réalisation de soi.
I. Titre.

BF575.S39S36 1999 158.1 C99-940073-8

Dépôts légaux : 1er trimestre 1999
Bibliothèque nationale du Québec
Bibliothèque nationale du Canada
Bibliothèque nationale de France

Photocomposition, mise en pages
et conception graphique de la couverture :
OLIVIER LASSER

ISBN 2-89225-371-3
Imprimé au Canada

Nous reconnaissons l'aide financière du gouvernement du Canada par l'entremise du Programme d'Aide au Développement de l'Industrie de l'Édition pour nos activités d'édition.

À Sonja,
Tu es aimée

Préface

Nous vivons aujourd'hui à une époque marquante. Et maintenant, plus que jamais peut-être, des hommes et des femmes se perçoivent davantage comme des individus dotés de pouvoirs et de compétences qui leur permettent d'accomplir tout ce qu'ils désirent. Cette prise de conscience positive nous pousse à chercher la signification et le but de nos vies, et c'est là qu'un obstacle surgit. Durant nos années de formation, nos parents et nos maîtres bien intentionnés, nous ont enseigné, comme le voulait la tradition, à nous débrouiller dans la vie plutôt qu'à avancer. Comment pouvions-nous découvrir la vérité sur nos capacités ?

Si seulement nous pouvions apprendre les secrets oubliés qui nous révéleraient la façon de suivre les élans de notre cœur et de surmonter le manque de confiance débilitant qui nous empêche de maximiser notre potentiel et d'accomplir notre destinée, nous pourrions certainement trouver le sens et le but de notre vie.

Comme la religion cherche traditionnellement à nous contrôler, peut-être sommes-nous incapables d'éprouver le sentiment de libération que seul le développement de notre spiritualité peut nous apporter. Cette libération est habituellement déclenchée par un catalyseur. Il s'agit parfois d'une personne spéciale, d'un livre ou d'un événement particulier qui trouvent le chemin de notre cœur parce qu'ils nous *parlent* du cœur.

Thierry Schneider est l'un de ces individus qui joue le rôle de catalyseur auprès des nombreuses personnes désireuses d'acquérir les connaissances qui transformeront leur vie. Quand je l'ai connu à Florence, il y a un bon nombre d'années, j'ai été extrêmement frappé par l'énergie qui le caractérisait. C'était le genre d'énergie qui se dégage uniquement de ceux qui font correspondre leurs actes et leurs pensées, de ces êtres qui ressentent le besoin d'aider les autres à cause de leur audace et de leur conviction absolue que telle est leur mission.

Quand j'ai pu lire ses confidences sincères au sujet de ses expériences en tant que sportif, enseignant, et instructeur, expériences ayant pour objet la maîtrise du corps et de l'esprit, j'ai ressenti de nouveau toute la force de son énergie. Cette fois, elle m'était communiquée par l'intermédiaire des pages de son livre. Le fait est que les mots n'ont aucun sens, ce sont les êtres qui en ont, et le seul moyen de transmettre réellement quelque chose n'est pas de le dire ou de l'écrire, mais de le *sentir* profondément avant d'en parler ou de l'écrire. «*Vivre grand*» est un livre qui vous convaincra d'agir passionnément pour devenir la personne que vous êtes réellement, au lieu de vous contenter de l'impression de ce que vous aimeriez être. Ce livre vous poussera à vous demander pourquoi vous n'osez pas être celui ou celle que vous êtes vraiment. Il vous indiquera la façon de développer la confiance nécessaire pour évoluer et réussir dans tous les aspects de votre vie.

J'estime que les paroles de Sénèque sont tout aussi valables aujourd'hui qu'elles l'étaient il y a deux mille ans. Quant à moi, je pense que ces paroles s'appliquent parfaitement à ce livre important, que je vous conjure de lire et de mettre en application, tout au long de votre destin unique : « Ce n'est pas parce que la vie est difficile que nous n'osons pas ; c'est parce que nous n'osons pas que la vie est difficile. »

COLIN TURNER
Auteur du livre Eurêka ![1]
et des best-sellers Made for life et Born to succeed

---

1. Publié aux éditions Un monde différent

Remerciements

Merci à Irina Arm de m'avoir fait découvrir « l'heure magique ». Tu es toujours présente.

Un merci tout particulier à la « Petite Thérèse » et vous « Toutes », messagères de la Paix.

Merci aux personnes du village du Reposoir pour leur accueil chaleureux.

Merci à Christine Piuz et Christian Santal pour votre précieuse aide afin de libérer mon corps.

Merci à Michel Gaud de m'avoir offert l'opportunité du saut vers mon indépendance.

Merci à Christophe Pigato pour ton soutien des premiers instants.

Merci à Frank Stell, « le frère », pour m'avoir encouragé à être moi-même, sans aucun compromis si ce n'est l'Action.

Merci à Sonja Kuikstra de ta riche participation à l'élaboration de cet ouvrage et de ton précieux soutien.

Merci à Gérard Maison pour tes conseils subtils lors de ta relecture.

Merci à René Camenzind « d'être qui tu es ».

Merci à Marc Maillard de ton engagement des derniers instants afin d'optimiser mon message.

Merci à Jean-Jacques Crettaz de nous aider à construire de solides fondations.

Merci à Colin Turner, pour ta motivation, ta richesse et ton authenticité.

Merci à Michel Ferron, éditeur, pour ta confiance et ton soutien, à Lise Labbé pour la qualité de ton travail, ainsi qu'à toute l'équipe des éditions Un monde différent.

Merci à Olivier Lasser pour la création de la couverture et l'excellente mise en pages de l'ouvrage.

Merci à vous tous qui m'avez offert le privilège d'une rencontre par le passé, ainsi qu'à vous, lecteurs, qui donnez vie à mes mots.

Merci à Aline, Dédé, Sylvie et Pascal pour votre Amour.

THIERRY SCHNEIDER

Vivre, c'est avoir l'Audace de...

Découvrir

Les premiers mots seront les plus beaux. Me voici face à moi-même, au cœur de la Vie, cédant enfin à ce désir impérieux d'écrire ce livre. Pour vivre sa vie, retrouver ce courage, fin prêt à bondir de son cœur, rattraper cette audace ensommeillée pour l'instant en chacun.

Je ne sais guère par quel concours de circonstances vous êtes plongé au creux de ces pages, mais à vous qui êtes en quête d'autre chose, j'ai envie de vous faire envisager qu'un riche territoire existe vraiment et qu'il se trouve peut-être plus près que vous ne pourriez le croire.

Pouvoir accéder par soi-même, sans aucun artifice, sans aucune technique dite miraculeuse, à une infinité de bienfaits, de réconfort, d'horizons nouveaux. Oser croire en la promesse d'un rivage chaleureux, ou encore s'abandonner en toute confiance au sourire d'un éternel départ. Puis, peu importe la direction empruntée, avoir l'intime conviction de pouvoir baigner harmonieusement et pour toujours au centre de toutes les créations : soi-même.

À la lecture de ces premières phrases, ressentons avec largesse la Vie couler à travers nos veines, entraînant notre imaginaire à se balancer allègrement au rythme de l'enfance. Les barrières tombent, les doutes s'effacent, les limites s'éloignent et, au tréfonds de notre cœur, l'étincelle rejaillit, l'espace d'un sourire, le temps de nous crier vaillamment : « Tout est possible ».

Soudain, les nuages s'estompent, faisant place à une candeur retrouvée, à une force de vie qui frappe à notre porte ; dans l'entrebâillement de celle-ci apparaît le désir de se dégager, de s'élancer, et de déverrouiller le cadenas de la limitation. Néanmoins, très vite se profile l'ombre rationnelle et ses mille argumentations cherchant à prouver que cette possibilité enchanteresse de créer sa propre vie est tout à fait infondée.

Tout semble sans cesse comploter contre nous : les souvenirs douloureux, l'éducation reçue, la famille, les collègues de travail, la situation économique, les médias et leurs nouvelles dramatiques, les factures qui s'entassent, et même notre corps se rebelle, ou encore notre équipe sportive favorite s'incline. Sans oublier aussi l'incompréhension de notre compagnon de cœur, les attentes déçues, et les conditions météorologiques qui s'en mêlent, déversant des trombes d'eau et de vent froid sur ce dimanche ensoleillé tant espéré. Ballotté au gré des tourmentes, telles les feuilles mortes balayées violemment par le vent, nous nous retrouvons errant çà et là, prêt à se raccrocher avec vigueur au moindre espace rassurant, ancré dans l'illusion d'une sécurité retrouvée, avant d'être déraciné de cette demeure de fortune par une bourrasque encore plus violente. D'où l'importance de lutter à l'évidence, de « combattre envers et contre tout » afin de préserver notre identité.

Cet état d'esprit entraîne autour de nous dans son élan une division, une séparation, qui déchire notre cœur, notre être. Et nous voilà lancé dans cette course folle, où tout s'accélère, où nous nous devons de paraître à la hauteur de toutes les situations, d'aller encore plus vite, de se battre encore plus dur pour contrer les oppositions. La *résistance* devient notre manière d'aborder la Vie, de s'illusionner, de faire croire à notre force. Tout ceci nous amène inévitablement aux confins de l'insécurité, bâtissant au sein de nous-même la forteresse de la peur, ce paradoxe qui nous propulse à vouloir nous rassurer continuellement au dehors.

Nous avons en effet cette fâcheuse habitude d'aller chercher chez les autres la solution à nos problèmes, ayant perdu notre axe, notre centre, notre gouvernail.

Telle cette anecdote de Wayne Dyer au sujet de cet homme recherchant ses clefs en pleine nuit sous un lampadaire d'une ville. Une jeune femme passe dans la rue et lui demande ce qu'il a perdu. Il lui répond qu'il a égaré ses clefs et elle lui propose gentiment de l'aider à les retrouver. Après une heure de recherches infructueuses, elle l'interroge à savoir s'il est certain de les avoir perdues ici. Il lui répond le plus naturellement du monde : « Oh non, je les ai perdues dans ma maison là-bas, mais comme je n'ai pas de lumière à l'intérieur, je suis donc venu poursuivre mes recherches dehors, sous le lampadaire. »

Combien de fois nous arrive-t-il de chercher à s'enquérir auprès des autres de la réponse à l'une de nos interrogations, en sachant pertinemment où se trouve l'explication réelle ?

Plus nous avons peur et plus nous désirons une solution *« zapping »* pour nous soulager immédiatement ; mais toutefois, au tréfonds de nous, quelque chose sonne faux. L'ennui envahit notre quotidien de toutes parts et, progressivement, notre potentiel d'énergie, ainsi que la force de notre illusion et de notre résistance déclinent.

Et, c'est à ce moment-là béni que quelque chose peut enfin se passer. Une fissure apparaît dans notre muraille rationnelle de froideur, le sentiment de mal-être s'engouffre au sein de la brèche, prêt à tout déséquilibrer : nous sommes au plus mal ! Tout se joue en quelques instants : soudain, nous pouvons basculer dans l'inconnu ou, avec un effort de raison, nous illusionner à nouveau quant à une résistance possible.

L'instant magique est là, juste devant nous, prêt à s'ouvrir généreusement pour nous offrir son vrai réconfort : vivre sa Vie, avoir l'audace de « Vivre grand ».

Choisir

Dès l'instant où nous établissons vraiment notre insatisfaction d'avoir fait de l'illusion notre carte de voyage, tout peut alors commencer. Nous osons enfin nous avouer notre désarroi, reconnaître nos maillons faibles, et commencer enfin notre vraie aventure : *Vivre !*

Quel plus beau programme envisager ? L'une des clefs principales sera de « se rassembler en soi-même », de bâtir une victoire intérieure, pour mieux s'aventurer dans l'interdépendance. Prendre conscience que notre seule certitude, c'est de savoir que toute chose change constamment, quelle que soit notre vision du monde.

Ce que j'appelle la *voie du stress subi,* c'est de laisser son esprit résister aux événements. Une situation donnée devient tour à tour une occasion de croissance ou un problème insoluble, compte tenu de notre façon de l'interpréter. Dans cette optique, ce que nous appelons communément la *pression* n'est que le reflet d'une situation exagérément dramatisée.

Ce comportement a été longtemps mon interaction avec le monde et avec les autres. Je me sentais constamment prisonnier malgré moi d'une pièce de théâtre démoniaque, dans laquelle je me devais de réagir tant bien que mal pour combattre et forcer mon destin : devenir ce surhomme, sans aucun droit à l'erreur, pour seulement survivre. Tel le funambule sur son fil, vacillant sans cesse de droite à gauche, sachant ma chute imminente. Pris de cette frayeur constante, je tentais obstinément de m'entourer d'une sécurité fictive venant des autres : mes employeurs, mes amis, mes *voyages-fuites*, mes illusions, mes convictions, mes aventures sentimentales : « Un jour, je... ». Refusant le déséquilibre qui était pourtant la seule constante de mon équilibre, refusant le changement si tous les feux n'étaient pas déjà au vert, refusant l'inconnu, où pourtant tout peut devenir neuf et *sécurisant,* refusant de m'engager pour conserver au fond ma propre liberté. L'important à mes yeux, c'était d'être déjà au sommet de la montagne afin de récolter alors le réconfort de l'Avoir et de croire que j'avais atteint le bonheur.

Mais il n'existe pas de chemin du bonheur. Le bonheur est un chemin en soi.

Cet Avoir, je le privilégiais malgré moi : des diplômes, un rang social, une expérience solide, des relations, du talent, un corps superbe, une belle gueule, le bon passeport, l' âge parfait (ni trop jeune ni trop vieux), des connaissances, de l'argent pour oser faire des choses nouvelles, différentes, créatives, drôles, afin d'être enfin un homme heureux, respectable et respecté.

Ceci était mon lot quotidien, mes croyances, mes souffrances, et c'est pour cette raison que je m'autorise à vous faire partager ce parcours chaotique, en espérant sincèrement que l'énergie de ces mots résonnera au fond de vos tripes et provoquera ce déclic nécessaire pour « être sa vie ». Quelques phrases chaleureuses, authentiques, vraies, prononcées cordialement au bon moment, et, tout à coup, tout peut devenir à nouveau possible !

Enfant, je rêvais de devenir footballeur professionnel : oser vivre ma *légende personnelle,* comme le dirait Paolo Coelho. Inscrit à un club en France, je les ai longtemps espérés ces mots généreux. Étant né un 21 juillet, et la saison de football commençant au 1er août, j'ai constamment évolué avec des garçons plus âgés que moi. Je terminais chaque cycle de deux ans, gardien de but titulaire en première équipe, mais barré aux portes des sélections régionales, avec toujours ces mêmes paroles :

> « C'est dommage, mais tu manques de moyens athlétiques et tu n'es pas assez méchant ».

Et sans cesse la même sérénade, celle des coups qui font plus mal… Imaginez un entraîneur m'avouer :

> « Thierry, continue, c'est génial, tu es aux portes des sélections ! Mais tu es né une semaine trop tôt, tu bascules dans l'autre catégorie d'âge, et nous ne pouvons rien y changer. Conserve ton cap, persévère, et, tôt ou tard, ce handicap se transformera et deviendra le plus beau des tremplins » !

Ce potentiel vital, nous l'avons tous au fond de nous-mêmes, jonglant malheureusement entre nos points forts et le refus de nos maillons plus faibles, qui sont pourtant la terre fertile de notre évolution. Une chaîne cède toujours par son maillon le plus faible : se l'avouer, ce n'est pas s'affaiblir, mais au contraire renforcer les racines saines de notre propre force.

Dernièrement, lors d'un rendez-vous d'affaires, mon interlocuteur m'avouait sa surprise de me voir diriger ma propre entreprise et proposer des services de conseil en maîtrise de soi, vu ma grande sensibilité. Je lui répondis :

« La vraie force, c'est d'oser avouer ce que nous sommes. La sensibilité se transforme alors en indépendance, en créativité, en force de vie, et non pas en manipulations visant à faire croire à notre invulnérabilité ».

Mais, avant d'oser me l'avouer, j'ai été cet homme fatigué, contrarié, ayant de la peine à me concentrer, à prendre des décisions, à agir, à être heureux. En fait, je n'étais pas *au bon moment au bon endroit*, et, quand je m'y retrouvais, la fatigue et le doute m'anéantissaient.

Tout cela parce que je désirais tout contrôler, envahi en même temps par l'impatience d'être déjà parvenu au but, donc rassuré.

« Vivre grand », c'est accepter simplement que nous sommes déjà tout, et, grâce à cette nouvelle certitude, avoir l'audace d'aller de l'avant, de développer sa confiance sans aucune crainte. *L'objectif n'est pas d'apprendre à être, mais au contraire de désapprendre à ne pas être*. Quitter l'illusion, le paraître. Arrêter de se pavaner de superficiel pour s'aventurer à ouvrir fièrement la fenêtre de l'apparence afin de pénétrer chaleureusement au sein de sa propre vie. Être avant de faire. Profiter de chaque instant comme d'un travail pratique pour améliorer cette unification de soi-même. Vouloir travailler pour une cause que l'on ressent noble depuis le fond de ses entrailles, qui permettra alors de viser continuellement le *rassemblement de soi – tête, cœur, corps* – au même endroit, au sein de la matrice du *moment présent*.

Combien de fois vous surprenez-vous, en conduisant votre petite fille à l'école, à penser à votre prochain rendez-vous ? Et quand vous y êtes, à votre dossier de travail urgent ? Pendant son élaboration, à évoquer votre femme et votre incommunicabilité ? En compagnie de votre conjointe, combien de fois vous arrive-t-il de réfléchir à autre chose, à ce téléphone que vous vous devez de faire avant vingt-deux heures ? Sans oublier cette réservation de billet d'avion à laquelle vous pensez pendant votre match de tennis. Cela vous distrait suffisamment pour vous faire rater un point important.

Sans cesse, du matin au soir, puis du soir au matin, cette chevaleresque course contre le temps nous poursuit, avec ce sempiternel objectif de toujours faire plus, et plus rapidement, sans aucun droit à l'oisiveté.

Au cours des dernières années, on nous a inondés de différentes techniques pour maximiser la gestion optimale de notre emploi du temps. Nous avons appris à privilégier davantage la montre pour nous permettre de faire 20 pour cent de travail de plus, mais sans prévoir en contrepartie le 40 pour cent d'urgences que cela occasionne. C'est comme si nous nous projetions à vive allure en direction de Paris, alors que notre rendez-vous important nous attend à Rome !

Je vous propose de cesser momentanément de vouer une adoration démesurée à ce tic-tac endiablé pour placer l'essentiel au centre de vos préoccupations, c'est-à-dire... une boussole !

Retrouver par soi-même le « vrai Nord » : réapprendre à s'organiser avec respect, par rapport aux lois qui gouvernent le changement incessant de Dame Nature !

Faute de quoi survient l'angoisse terrible d'avoir tout perdu même après avoir pourtant tant donné, au détriment de choses essentielles telles que la santé, la famille, l'intégrité et la sérénité. Prendre conscience, avant toute chose, de l'importante clef quant à savoir s'orienter selon ce principe immuable qui gouverne les saisons, le cycle de la lune, le cycle de la femme, le cycle de la Vie. Quitter la course folle du *stress subi* pour pénétrer par la grande porte au sein de sa propre existence !

Il y a quelques jours, je me retrouvais en pleine heure d'affluence dans les longs et infinis couloirs du métro parisien. On sentait sourdre ce faux rythme saccadé se dispersant dans toutes les directions. Des centaines d'individus se précipitaient quelque part, toujours plus vite, le regard vide mais fixe ; une sensation monumentale de lourdeur, de souffrance, d'incompréhension, de peur occultait tout échange malgré la quantité de personnes présentes.

Je ne peux que songer aux écrits de Jean Giono pour confirmer l'intensité du malaise. En cette époque effarante de communications virtuelles, inondée de préceptes novateurs, bombardée d'une quantité gigantesque d'informations à assimiler, il me semble extrêmement important et on ne peut plus urgent de prendre le temps de s'arrêter, de se repositionner par rapport à soi-même pour apprendre à conserver le recul nécessaire face à ce chambardement global et anxieux, afin de pouvoir vivre et transmettre à autrui des sentiments de stabilité et de sécurité.

« J'ai envie de travailler mon potentiel, mais je suis écrasé par une multitude de tâches au travail, en famille, en société, et j'en passe... Je n'ai tout simplement pas le temps ».

Nous connaissons bien ce constat perpétuel mais il importe de prendre conscience que, plus nous aurons de tâches à accomplir, plus nous bénéficierons d'opportunités d'accroître notre potentiel personnel.

« Coachant » régulièrement des gens d'affaires inondés d'urgences, des sportifs de haut niveau ou des artistes désireux d'être plus performants, donc plus concentrés, il m'apparaît que l'essence du travail consiste à s'ancrer dans *l'« ici-maintenant »*. Ainsi, nous serons plus en mesure d'agir constamment en harmonie par rapport à notre environnement. Et, en dépit de toute situation extérieure éprouvée, s'orienter afin d'atteindre cet objectif primordial : devenir maître de nous-même. Cesser d'invoquer des excuses du genre :

« Il y avait du vent ». « La conjoncture ne m'était pas favorable ». « J'ai été déconcentré par les supporters ». « L'arbitre nous a fait perdre ». « Tout a commencé ce matin avec cette contravention pour un mauvais stationnement. » « C'est la pleine lune ». « Mon week-end est gâché par ta mauvaise nouvelle ».

Et nous pourrions en ajouter encore par centaines... Quittons plutôt cette loi du subir pour oser s'affirmer dans l'agir !

Comment être concentré lors de ma finale mondiale à vingt heures ce mardi si je suis distrait lors de tâches plus insignifiantes comme faire la vaisselle, descendre les poubelles, se brosser les dents, ranger mon linge, me raser, acheter mes timbres ? Aucune activité n'est banale. Cette banalité, cette division en *bonnes* et en *mauvaises* activités, ne m'amènera pas à ma performance optimale. Toute action quelle qu'elle soit représente l'argile de mon succès et de mon bonheur. Chaque pas me rassemble ou me désunit. Je peux sans cesse quitter la route par ma distraction au *moment présent*.

Le passé permet de bâtir l'histoire, de se rappeler des regrets, d'évoquer des souvenirs. L'avenir reste énigmatique et le théâtre de futurs projets. Par contre, cet instant actuel délicieux représente un cadeau. Voilà pourquoi on l'a baptisé *le présent*.

Pourquoi ne pas le vivre et s'engager fermement à ne plus le gâcher en le laissant filer entre ses doigts ? Pourquoi ne pas changer notre interprétation d'une situation, et voir dans une journée chargée de travail, par exemple, une possibilité de s'améliorer, de conserver son *vrai Nord*, de vivre sa Vie ?

Savoir ralentir, voilà une des vertus principales qu'il importe de cultiver à nouveau. En ralentissant, nous aurons l'occasion de retrouver ce vrai rythme qui harmonise continuellement tout principe de vie. Nous nous imprégnerons encore et encore de cette faculté d'élégance qui meut toute chose plutôt que de continuer à nous déchaîner au travers de ce pénible combat qui ne fait que nous user. L'éternité bienheureuse n'est pas un futur lointain, mais un choix que nous décidons de faire dès aujourd'hui.

Vivre *« ici-maintenant »*, voilà la réponse principale à nos désagréments multiples. *Savoir replonger en cet instant dans le nid de toutes les créations.*

Je vous propose de déposer votre livre, de fermer doucement vos paupières et d'effectuer enfin le grand saut dans la virginité de ce moment précieux : le vôtre ! Délectez-vous de ce souffle de vie, engouffrez-vous royalement sur ce terrain vierge, ressentez les battements de votre cœur, ce sang qui tourbillonne en étoiles de vitalité dans le creux de vos veines.

Laissez-vous aller à « verticaliser » votre corps, à vous ancrer dans votre assise pour mieux vous élever, vous grandir. Puis, avec patience, expirez, poussez ce grand soupir qui chasse le passé et sa lourdeur avant de vous abandonner à la vague d'énergie d'une inspiration naturelle, génératrice de vie, de légèreté, d'espoirs, de possibilités, d'ouvertures, de force, de jouvence, de confiance. Imprégnez-vous tout simplement de la magie de cet éternel présent ! *Être son axe,* c'est pouvoir avant toute chose *unir sa tête, son cœur et son corps dans l'« ici-maintenant ».*

Reprenez votre lecture, l'esprit ouvert à cette nouvelle possibilité d'être. Quels que soient son objectif, sa tâche, le but primordial sera de se rassembler afin de vivre pleinement chaque situation pour en retirer sa pleine essence et, alors, se réaliser.

J'apprends personnellement à glisser ces instants de paix au milieu de mon quotidien pour me recentrer, me recueillir ; l'essentiel étant de s'adonner à accueillir à bras ouverts la quintessence de son être.

Le soleil apparaît à la fenêtre de ce chalet enneigé où j'ai décidé de réunir mon être pour donner des vibrations colorées à mes mots. Ses rayons me réchauffent. Depuis quelques jours, ce sont les premiers généreusement offerts ; seuls la neige et le froid m'ont visité jusqu'à aujourd'hui. Le paysage sous mes yeux s'illumine d'étincelles, les arbres ont revêtu leur plus belle parure. Tout sourit allègrement, tout prend le temps d'être naturellement présent. Ce clin d'œil de la Vie caresse joyeusement le cœur de mes mots et confirme constamment ce besoin vital de savoir apprécier à sa juste valeur la spontanéité de tous les instants. La magie de ces moments se dévoile exclusivement à celui qui prend le temps d'ouvrir son horizon à cueillir l'éternel présent. Avant toute chose, je m'enracine profondément au creux de *l'« ici-maintenant »* afin de gagner le recul nécessaire pour interpréter d'une manière saine et vraie les choses qui m'environnent, les personnes qui m'entourent.

Avant de me proposer comme « solution pour les autres », je me dois de créer cet espace privilégié qui me permettra d'ôter ces *lunettes déformantes,* construites par la peur et la crainte. Alors je pourrai me laisser glisser dans l'essence neutre de l'échange où tout devient possible.

Malgré cette frayeur qui me pousse à réagir, j'évite de me précipiter et, au contraire, je mets sereinement en place cette *bande porteuse,* ce pont, noyau de toute communication. Où d'autres voient l'impossible, le cul-de-sac, la fin du rêve, je fais un pas de géant en direction d'une opportunité nouvelle, je développe ma confiance jusqu'à l'audace. Je transforme ainsi mon quotidien en la plus belle des aventures : vivre ma vie, « Vivre grand » !

Pour y parvenir, il faut s'entraîner à ne plus laisser envahir cet espace vital, sein nourricier de toutes nos créations.

Imaginons-nous comme un immense cœur qui se retrouve piqué, écorché de partout par les contraintes extérieures. À travers cette souffrance continue, nous nous débattons fortement pour assumer les choses habituelles, ainsi que les nouvelles pressions (déposer la voiture au garage, passer chez le dentiste, foncer directement au travail, voir tel collègue que j'ai accepté hier de rencontrer, aller à la banque pour un crédit, prendre les enfants à l'école, emmener mon fils au basket...).

Puis, un jour, cette souffrance devient insupportable, la faille béante apparaît à nouveau, nous explosons et personne ne nous comprend.

Quittons ce cercle vicieux du subir ! Réapprenons à prononcer ce mot : « Non ». En disant « Non » à cet envahissement déséquilibrant du dehors, nous nous permettons de dire « Oui » à notre cœur qui a tant faim d'expression. Dès lors, nous disons « Oui » au principe qui gouverne toute vie et nous pourrons sereinement dire « Oui » à l'échange avec l'extérieur.

En nous permettant de dire « Non », nous organiserons notre activité à partir de nous-même. Nous deviendrons ainsi une zone d'influence depuis notre centre vital, le protégeant alors continuellement de toute agression, de tout déséquilibre malsain. Nous nous repositionnerons en prenant des engagements avec les autres, sans pour autant leur promettre de leur bâtir des châteaux en Espagne dont nous n'avons pas les moyens.

Se bercer de cette illusion nous entraîne inévitablement plus loin encore dans la douleur et le conflit.

Tel l'athlète qui prend un appui fort dans le sol avant de s'élever, agissons depuis nos fondations vitales pour enclencher notre rapport avec l'extérieur. Ne plus subir les contraintes jusqu'à la fracture, mais nous orienter depuis notre boussole, notre être, afin de créer des rapports gratifiants pour chacun.

Nous ne sommes pas des « faire humains », mais bien des « êtres humains », spécifiquement différents, entraînés par nature vers la complémentarité. Coopérer, c'est grandir. Se battre seul dans son coin contre le monde entier, c'est un jour ou l'autre perdre pied.

Voici une anecdote racontée avec le désir tout simple de vous interpeller. Mon propos part du fait que je ne porte jamais de montre, et ce, depuis toujours. J'ai pourtant pu constater à plusieurs reprises que, la plupart du temps, j'attends la personne avec laquelle j'ai rendez-vous, car elle n'est pas présente à l'heure fixée. L'ironie du sort dans cette histoire, c'est qu'elle possède pratiquement toujours une montre ! Dans cette optique, cet objet si précieux pour certains ne joue plus son rôle initial de support à l'action pour optimiser la gestion du temps de sa journée, mais devient souvent un instrument dangereux qui en augmente le rythme fou, générant par le fait même l'expression des continuels « plus tôt », « plus tard », ou « trop tard ».

Nous sommes malheureusement plusieurs à subir l'ingérence de ce bel outil dans notre existence, l'autorisant à envahir notre espace vital, à nous faire quitter la spontanéité d'une rencontre, d'une opportunité, de la chance d'une vie, sous prétexte qu'il est déjà tard et que nous avons une rude journée le lendemain.

Si vous possédez une montre, faites le test dès demain et compter le nombre de fois où vous la regardez tout le jour durant. Le résultat sera impressionnant. Le jour suivant, ne la portez pas, prenez le temps de vivre chaque instant pleinement, sans y référer constamment. Si vous plongez dans le *moment présent* autant de fois que vous avez regardé votre montre hier, vous êtes alors une femme ou un homme heureux. Et, de plus, votre journée d'activités s'enrichira de bonnes surprises. Par surcroît, s'il vous importe de connaître l'heure, vous découvrirez avec plaisir des horloges disséminées un peu partout;

ou, mieux encore, vous demandez cette information au passant qui, dans son sourire, vous offre en plus l'essence de toute vie.

Et que dire de cette remarque :

« Thierry, si tu possédais un portable, nous pourrions t'avertir de notre empêchement de dernière minute ».

Eh oui, cette réflexion en apparence anodine cache l'un des égarements des temps « modernes ». Je ne suis pas en train de faire le procès de ce nouvel outil de communication, mais néanmoins de tirer la sonnette d'alarme pour préserver un équilibre. Le progrès technique hallucinant que nous vivons devrait être au service de chacun plutôt que de le rabaisser au rang d'esclave. Apprenons avant toute chose à devenir « virtuel » dans la maîtrise de nous-même, pour pouvoir influencer ensuite de façon constructive notre chère existence.

En clair, plus je bénéficie de supports techniques développés et performants, plus je me dois de les employer à supprimer le superflu des urgences, et revenir consacrer l'essentiel de mon temps aux choses importantes. Pour en arriver là, l'aventure humaine passe par le réel *lâcher prise*.

Nous avons pu observer précédemment que la résistance est le plus court chemin pour nous amener inéluctablement en sortie de route. Cette loi physique toute simple veut que, plus nous poussons contre un mur, plus celui-ci nous repousse. Mais, dans le cas présent, alors que nous mettons notre propre énergie en action, c'est par ricochet cette énergie encore que nous plaçons en réaction !

Arrêtons de « pousser le mur », coupons l'alimentation du problème pour faire place à un territoire ouvert à de multiples autres solutions.

Si nous nous obstinons à livrer ce gargantuesque combat illusoire, le temps s'accélère, nous procurant d'autres urgences qui s'entassent avec les précédentes, nous éloignant d'autant plus des choses importantes à réaliser. Et, plus je les ignore, plus je me retrouve exténué, pris dans une impasse où je cherche obstinément à rattraper le temps perdu.

Voilà pourquoi l'analogie avec le cycle de la vague me semble si intéressante. Tout d'abord la vague se déploie puis, à un moment donné, en pleine ascension, quand elle allonge sa crête, elle doit nécessairement éclater pour faire place à une nouvelle vague. Cette vaguelette, toute modeste au début, grandira elle aussi pour déferler dans une force irrésistible et se briser en écume à son tour en roulant sur le rivage.

Au fond, la vraie réalité – qu'elle soit économique, sportive ou privée – réside dans les fondements de cet exemple : anticiper le chaos et non pas le subir.

Nul ne peut refuser le changement, il revient sans cesse et est l'âme de toutes les nouveautés. *Lâcher prise*, c'est quitter la fausse sécurité pour s'offrir le luxe de vivre l'inconnu avec foi.

Devenir le créateur de son propre déséquilibre afin d'agir encore une fois sur son destin et non pas de s'y soumettre.

À la pratique d'un art martial, on nous apprend que, si l'on nous tire dans un sens, il ne faut surtout pas résister, mais au contraire pousser dans la même direction, utiliser l'énergie de l'adversaire pour créer notre propre force d'action.

Retrouvons dans ces valeurs essentielles la source de l'énergie et du mouvement. Voyons notre vie comme une longue expédition à travers des territoires inconnus. Nous passerons beaucoup plus de temps à arpenter des sentiers tortueux qu'à vaincre des sommets prestigieux. Savourons donc avec une joie fertile chaque instant de ce voyage plutôt que de nous intéresser seulement aux applaudissements aléatoires couronnant la victoire d'étape.

Lâcher prise, c'est choisir le Vrai quel qu'en soit le prix.

Vais-je m'orienter vers la possibilité supérieure, l'audace de vivre ma vie ? Ou bien vais-je me retrancher apeuré dans l'habitude, cette possibilité médiocre qui a malheureusement déjà perdu beaucoup de sa vertu initiale, du simple fait d'avoir déjà existé ?

Celle qui, grâce à son efficacité, fut le théâtre de mon réconfort, est devenue au fil du temps la geôlière perverse de mon quotidien, fanant progressivement la Vie en mon être. En effet, petit à petit, l'habitude ronge malheureusement la jeunesse de mon corps.

« Vivre grand », c'est s'entraîner continuellement à vivre des petites victoires intérieures au service de l'audace qui, chaque fois, réveille un peu plus fort la sève de Vie qui coule au plus profond de nous-même. Chaque décision sera prise depuis cet axe intérieur afin de créditer, jour après jour, notre compte de confiance.

En commençant par de petites choses, nous nous aventurerons à de plus grandes, porté par ce renouvellement continu qui battra au rythme de la Vie.

Rappelez-vous la dernière fois que vous avez agi ancré dans vos racines quand, tout à coup, vous avez senti le vent souffler dans les voiles de votre navire, l'amenant avec un regain de vigueur à vivre la traversée, l'aventure, votre Vie....

Combien de fois nous surprenons-nous à argumenter pour convaincre, pour amener les autres à notre point de vue, simplement pour nous rassurer, nous réconforter ? Et pourtant, l'important c'est de reconnaître où se trouve l'authentique vérité, et non pas de savoir qui a tort. Notre ego veut avoir la solution rationnelle à toute chose. Nous dilapidons alors une folle quantité d'énergie à refuser toute nouvelle situation.

Découvrons cet horizon nouveau, tel un symbole vertueux. Donnons-nous le temps d'écouter le chant magique de ce courant impétueux qu'on dénomme Vie, nous conduisant alors à la source de notre mission : évoluer.

Nous aurons alors un autre allié de poids pour orienter nos décisions quelles qu'elles soient : si nous choisissons cette route, nous apportera-t-elle la possibilité de nous rapprocher de notre noble but : l'évolution ? De plus, en faisant ce choix, augmenterons-nous notre potentiel de santé, notre potentiel de bonheur, et pourquoi pas notre potentiel de lumière ?

Chaque fois que j'ai pris soin de prendre mes décisions en harmonie avec mon axe d'évolution, j'ai remarqué que la luminosité d'un lieu, d'une idée, d'un sourire, du temps, y était présente.

Être responsable, c'est faire des choix, prendre des décisions puis en assumer les conséquences. Ce qui fut pour moi un casse-tête indéfinissable, me causant une recrudescence de stress et d'insécurité, s'est progressivement transformé en un jeu subtil qui me rapproche ou m'éloigne de l'aventure de ma vie.

C'est par l'expérience personnelle que nous découvrirons le joyau de notre être, ce diamant raffiné qui n'attend que notre courage de prendre un chiffon pour le dépoussiérer de nos fausses croyances. Arrêtons de penser en circuit fermé, car il nous sera particulièrement difficile de résoudre les problèmes perçus avec ce mental limité qui les a sournoisement créés.

Nous possédons le pouvoir gigantesque de penser, c'est-à-dire d'avoir la possibilité de créer notre demain.

Le nombre de pensées qui fusent dans l'esprit d'un individu chaque jour est phénoménal ! Si aucune gestion saine n'est mise en place, elles resteront prisonnières de nos pensées d'hier, c'est-à-dire de notre enfance, de notre jeunesse, de nos joies, mais aussi et surtout de nos peines passées. De plus, la société contemporaine nous déverse continuellement un déluge de poisons psychologiques, faits de limitations, de peurs et de doutes.

Sans cesse, jour après jour, nous nous retrouvons malgré nous bousculés, choqués, ébranlés par ce flux d'informations évidé de tout espoir. La radio en voiture, la télévision, les journaux, sans oublier les cancans perpétuels concernant le mauvais temps, les « privilèges » d'autrui qui désolent, les prédictions d'avenir scabreux de l'entreprise, les horoscopes...

Tout cela se capitalise et se déverse, telles des immondices, dans notre ordinateur personnel. Prenons conscience de l'importance vitale de sélectionner les données que nous désirons laisser pénétrer au sein de notre mental.

Apprendre à se nourrir psychologiquement devient un facteur essentiel de notre harmonie personnelle.

Consacrons une partie de notre temps à nous renouveler, tout en gardant le recul nécessaire pour se protéger de cette invasion obscure qui peut détériorer complètement la manière d'aborder sa vie présente.

Combien de fois nous mettons-nous hors jeu en nous remémorant des limitations entendues hier, telles que : « Tu es trop petit ». « Tu es trop distrait, pourquoi es-tu toujours dans la lune ? » « Tu es trop gauche... ». « Tais-toi, écoute ce que je te dis ! ». « Tu n'arriveras à rien dans ta vie ! ». « Tu n'es pas doué pour les études ou les maths ! ». « Tu vas devenir un incapable, comme Untel ! ». « Arrête de rêver, la réalité, c'est comme ça ! ».

Sans nous en rendre compte, nous nous plaçons encore dans cette position de victime, revivant par réflexe ces habitudes enracinées depuis belle lurette, mais qui continuent insidieusement à gouverner notre vie. Nous nous persuadons que ces fausses attitudes font partie intégrante de « nous-même ». Personne d'autre que nous peut nous ouvrir à cette réelle possibilité de se transformer, d'accoucher d'un nouveau comportement en se concentrant, *« ici et maintenant »*, à effectuer des choix différents, à supprimer cette restriction castratrice afin de se donner les moyens de s'entraîner à transcender ce blocage, ce doute.

Offrons-nous l'occasion de vivre ces instants nouveaux comme une première fois, avec cette authenticité de la découverte, de la curiosité. Ce nouvel état d'esprit va nous permettre d'effacer alors le ciment de l'ennui, de l'habitude désuète, pour nous ouvrir à des occasions nouvelles, fertiles en opportunités de croissance.

Repoussons cette limite du « je sais » pour nous imprégner d'un bol d'air vivifiant de différentes nouveautés d'expression de soi.

Il y a de nombreuses années, je me trouvais dans un train rentrant à la maison pour les vacances scolaires. Un vieil homme, assis à mes côtés, engagea la discussion et m'assaillit de multiples questions comme celles-ci :

« Es-tu heureux de rentrer chez toi, de retrouver tes parents ? Dis, parle-moi de ton père, qui est-il ? »

Je n'osais pas lui dire qu'il m'ennuyait, aussi lui répondis-je que mon père avait tel âge, tel physique, telle profession. À cet instant, il reprit la parole :

« Sache que tu es en train de me décrire ton père comme s'il s'agissait d'une étiquette. Je te suggère, lors de tes prochaines retrouvailles, de regarder ton père avec des yeux neufs, comme si c'était la première fois. C'est un être humain qui, tout comme toi, a changé pendant cette absence. Prends le temps d'écouter le son de sa voix, d'observer l'étincelle dans son regard, la chaleur de sa main sur ton épaule, le sourire de plaisir caché au coin de ses lèvres. N'oublie jamais ceci : que ce soit ton père, ta future femme, tes enfants, tes amis, le piège pervers dans lequel la plupart des gens tombent, c'est qu'ils n'aperçoivent plus l'être derrière la chair, mais perçoivent en lui une étiquette rigide qui le *veut* de telle manière, puisqu'un jour il l'a été ».

Depuis, je m'y suis modulé sans grand entrain au début, puis avec une motivation grandissante, et je me suis engagé à plonger au-delà de l'apparence, au cœur d'une première fois, afin de rendre à chacun sa vertu d'être humain en éternel voyage.

Malheureusement, combien de fois une épouse arrive de chez le coiffeur et passe inaperçue ? Un nouveau chemisier, une nouvelle paire de chaussures, la souplesse d'une silhouette, le timbre d'une voix, l'intention d'apaisement d'un regard, une larme dans le cœur, une étincelle dans le ventre, la peur dans la peau, ou encore la moiteur d'une main qui crie au secours, « j'étouffe », « je crève », tout cela tombe dans le caniveau de l'ignorance !

Comme une première fois, osons plutôt prendre le contre-pied de l'habitude qui stérilise, avoir l'audace de se laisser entraîner hors des sentiers battus, redevenir « les deux oreilles » au lieu de se laisser assourdir par le martelage de son ego limité qui se rassure tant bien que mal par peur de perdre pied !

S'il y a une question que je déteste plus que tout, c'est celle-ci : « Quelle est votre profession, votre métier ? »

J'ai horreur de ce besoin continuel d'étiquetage destiné à nous placer ensuite dans telle ou telle case.

Les personnes qui ont la charge de me présenter lors des conférences que je donne s'empressent généralement de s'enquérir d'informations rassurantes sur le « paquet-cadeau » que je suis : mon âge, mes diplômes, mes entreprises, mes victoires (jamais sur mes défaites... et pourtant !), pour réconforter leur auditoire et pouvoir dire : « Ah, je connais très bien ! »

Mais, quoi de plus froid et restrictif au fond que cette question pour lancer le bal des émotions, l'échange entre êtres humains, cette danse délicate, inconnue et surprenante d'une assistance et de son orchestration ? Nous préférons le retour sur les bancs de l'école, nous nous taisons. Lui, il sait.

C'est pourtant tout le contraire, car cet homme immense dressé devant vous, qui bouge élégamment, pose ses mots, ses silences avec sourires, puis ses interrogations, recherche comme vous la magie de l'échange, l'espoir d'un déclic, l'ivresse de l'aventure du partage de l'être vrai, au-delà des limitations d'une simple profession. Quittons à jamais cet empire frigide de l'habitude qui nous égare dans les méandres dévastateurs de l'errance, dominé par cette peur de l'inconnu.

Chaque individu a soif de liberté, de cet élan de tout son être pour retrouver enfin la terre promise de ses premiers rêves, de ses premiers désirs.

L'habitude, elle, va scléroser en stéréotypes grossiers la perte progressive mais constante de ce cap libérateur et vivifiant que nous portons tous au plus profond de nous.

Cette recherche de vérité se cache alors au milieu du brouhaha d'activités quotidiennes, étouffée, abandonnée, immobilisée dans cet isolement, prisonnière de cette routine désolante. Venus de nulle part, apparaissent alors soudainement ces « fameux instants » dans lesquels nous nous laissons glisser sans raisonnement. Nous nous retrouvons alors projeté en dehors de ces draps froids, mais connus, de cette rigidité d'obligations que nous nous sommes imposées malgré nous.

Tout à coup, le déclic libérateur de l'imaginaire s'enclenche et nous amène gracieusement au milieu de cet univers tant désiré, mais si souvent violé, de résolutions rationnelles.

Pendant de courts moments, nous mettons enfin en mouvement le pouvoir grandiose de l'hémisphère droit de notre cerveau, maison-mère de notre créativité. Grâce à nos visualisations, nous pouvons réaliser un scénario nouveau et enchanteur, réécrire notre demain en s'engouffrant dans l'univers infini des possibilités.

Nous possédons le pouvoir de choisir d'utiliser cette énergie créatrice de façon constructive, au lieu de la dilapider en vils soucis destructeurs.

Lors d'une conférence récente, une dame m'avouait son désarroi de ne pas être capable de visualiser. Je lui demandai si elle n'envisageait jamais, dans son « cinéma mental », des situations dramatiques qui pourraient l'assaillir. Elle me répondit par l'affirmative. Je lui proposai alors de faire la même chose, avec la même intensité sensorielle, mais en imaginant des situations plus positives.

Le sportif pourra répéter son geste technique idéal, le danseur vivre sa chorégraphie désirée, l'élève se préparer aux conditions d'examen, la personne timide ressentir la confiance en ses capacités.

J'en ai pris conscience bien plus tard, mais j'ai commencé à utiliser la visualisation dans ma jeune adolescence, au cours de cette période de dévotion à ma passion : le football.

À l'époque, soir et matin dans mon lit, je m'imaginais, avant mes matches, réalisant des prouesses extraordinaires, sauvant à maintes reprises mon équipe pour gagner enfin dans la joie. Avec le recul, j'ai pu observer l'importance de « ressentir au fond de sa chair », et non pas simplement de « vivre dans sa tête ». Je le vérifiais sur le terrain. Aussitôt que je ne l'avais pas vraiment vécu intensément au niveau cellulaire, mon film devenait chaotique.

Je me souviens aussi de certains moments clefs de différents matches : gonflé de confiance, j'appelle cela maintenant « surfer l'instant », c'est-à-dire, *être la vague*, je criais très fort

« en moi-même » l'issue d'un *penalty*, ou l'arrêt magique sur une reprise d'un adversaire. Et, comme je vivais pleinement la bonne anticipation, c'était le succès tant attendu que je récoltais !

À certaines reprises, par contre, je « pensais dispersé », je résistais, et l'issue la plus défavorable alors se réalisait, m'emmenant plus loin encore dans le doute...

Plus tard, j'ai pu l'expérimenter consciemment lors de la préparation à différents examens. Je m'imaginais l'endroit, la salle, les examinateurs, les bons échanges, les bonnes questions, moi-même, harmonieux, disponible, créant sereinement mon destin et ce, de longs mois à l'avance. Comme par magie, l'issue était chaque fois comparable à celle de mon rêve éveillé préalable ! Ceci renforçait alors l'intensité de ma confiance.

Une seule fois, lors d'une épreuve, je reçus la question redoutée, et tout partit en direction opposée. Je créais la résistance qui déstabilisait ma personne. Je restai là bloqué de longs instants, sans me soucier de l'inspiration ni de l'expiration, jusqu'au moment où je pris conscience du phénomène. Alors je pus lâcher prise, grâce à un regain de foi initiale en mes possibilités, et j'osai prendre des risques : quitter mes doutes rationnels sur le thème de la question redoutée pour exprimer mes réelles ressources sur le sujet.

En guise de conclusion en la matière, savourons cette anecdote sympathique :

Je croise dans les couloirs d'examen un ami dont le moral est complètement à zéro, s'apprêtant à se rendre à une épreuve orale qui lui apparaissait insurmontable. En apercevant mon grand sourire, il me lance :

> « Allez, je me jette avec audace, aide-moi à visualiser la bonne question et surtout à être calme ».

Je le pris au mot. Nous nous isolâmes dans un coin tranquille et je lui proposai de vivre par lui-même sereinement ses prochains instants, avec la ferme conviction de son potentiel, d'arrêter de fixer son attention sur l'énorme montagne en face de lui, mais de réaliser la complète expression de son vécu, tel un avion le hissant au-dessus de celle-ci.

Après son épreuve, dans un énorme éclat de rire, nous prîmes vraiment conscience que « tout est possible » pour celui qui veut s'abandonner sans retenue à la concrétisation de son être. Ne pas rester embrigadé dans la soi-disant limitation technique, par rapport à un thème donné, mais rejaillir depuis les forces de son vécu pour donner vie au « savoir-faire ».

À cette époque, j'étais complètement séduit par cette découverte récente : il est possible de se créer par l'image de grandes et belles possibilités nouvelles ! Je m'étais donc fait le plaisir de profiter de ces deux années consécutives d'examens pénibles, en plus de mon travail d'enseignant, pour expérimenter personnellement cet outil.

Je peux retenir une autre chose importante de cette expérience : tout a commencé, une fois de plus, au cœur du *moment présent*. Quand nous dérivons dans le sabotage de nos ressources lors des minutes qui précèdent l'échéance, posons-nous deux questions essentielles :

« Où suis-je ? – *Ici.* »

« Quand ? – *Maintenant.* »

Alors s'offre à nous la possibilité de se replacer sur les rails pour mieux rebondir et progresser.

J'ai également utilisé mon imaginaire lors de ma carrière de professeur de *fitness*[2], afin de préparer mes chorégraphies en quelques minutes, ou encore de visualiser l'atmosphère énergétique de ma prochaine classe.

J'ai recours actuellement à la visualisation avant mes séminaires ou mes conférences pour créer ce lien subtil, ce fil

2. Anglicisme utilisé en France pour parler de forme physique, de culture physique.

conducteur essentiel à une communication réussie. Toute maison a d'abord été une idée, puis a été réalisée sur papier, avant de trouver sa forme physique définitive. Réapprenons à développer cet outil précieux ! À toute occasion dans la journée, au lieu de nous laisser vagabonder au sein de l'ennui, prenons le temps de développer nos capacités personnelles, ces richesses cachées qui sont encore à l'état de bourgeons !

J'aimerais vous raconter un événement cocasse de ma prime jeunesse que je partageais entre ville et campagne.

Mon parrain agriculteur m'emmena un jour au jardin pour m'expliquer la culture des pommes de terre, on était en train d'en planter. Puis, des mois s'écoulèrent avant qu'il me demande de l'accompagner à nouveau en ce lieu privilégié. C'était le temps de la récolte, aussi arracha-t-il quelques pommes de terre, puis il me dit :

> « Souviens-toi bien de cela. Si tu plantes en terre des pommes de terre, ne t'attends pas à retrouver des tomates ! C'est la même chose avec ta tête : utilise-la avec créativité, mais en même temps avec logique pour ton bien et celui des autres. Ce travail, c'est à toi qu'il revient ! »

Cette loi de la ferme, comme j'aime à l'appeler, représente à elle seule les fondements de l'évolution. Si je ne prends pas le soin d'entretenir mon jardin intérieur, les mauvaises fortunes germeront à profusion et cela ne servira à rien de m'en lamenter...

Une seule chose à faire : retrousser les manches et mettre les mains dans la terre pour construire naturellement les créations de sa vie. Comme l'a écrit Voltaire : « Il faut cultiver notre jardin ».

Découvrons la sagesse d'une rose qui ne s'impatiente pas de grandir, mais qui vit le rythme d'une évolution naturelle. Pas de micro-ondes pour accélérer ou travestir le processus.

C'est, répétons-le, pas à pas, instant après instant, que nous façonnons notre existence. Cette responsabilité de tenir le gouvernail nous a été offerte pour avoir le libre choix de s'épanouir ou de s'égarer.

Quel beau privilège et quelle belle mission que de s'abandonner totalement à cette tâche si noble !

Faire un pas de géant, « Vivre grand », c'est utiliser cette faculté d'imaginer pour participer au renouvellement continu de son propre chemin...

Utilisons notre cerveau et la complémentarité de notre hémisphère gauche, qui apporte logique, rationnel, analyse, et de l'hémisphère droit offrant créativité, intuition, spontanéité, synthèse, pour concentrer tous nos atouts dans la même direction, celle de l'évolution. Nos capacités nous porteront alors avec fluidité toujours plus loin malgré cette tentation si grande de s'abandonner une fois encore au champ de bataille pour prouver qui a raison.

Sans cesse, nous fragmentons le Tout en ses antonymes, suivant nos croyances : le bien ou le mal, doux ou dur, haut ou bas, chaud ou froid, grand ou petit, maigre ou gros, gentil ou méchant, vrai ou faux...

Rien n'est complètement vrai ou complètement faux, toute chose **est,** tout simplement.

Et, combien de fois, malheureusement, nous retrouvons-nous plongé dans ce combat fatigant et inutile avec l'autre !

Dans la mesure où s'affrontent deux perceptions différentes, attribuables au passé de chacun, il est aberrant de vouloir que l'autre perçoive une situation en prenant nos propres lunettes, qui, nous l'avons vu précédemment sont souvent déformantes. Ceci répand immanquablement de l'incompréhension dans notre quotidien, le conflit ouvrant grand la porte à l'insécurité, donc à l'agressivité.

Il suffit d'observer les différences entre les cultures, les pays, les sports, entre les frères, les patrons, entre les entraîneurs pour sortir de ce jeu scabreux et inutile.

On possède à la fois des pensées, des âges, des vécus différents, des émotions, des capacités, des joies différentes, des doutes différents, et ceci devient « notre différence », notre caverne d'Ali Baba, notre richesse, notre besoin de complémentarité.

Derrière cela, il est prépondérant de savoir que tout constitue une chose unique. Nous faisons tous partie de la même symphonie, la musique de l'être, la musique de la Vie. Notre désir ultime, c'est de nous retrouver, de partager, de nous rassembler, de nous unir pour apporter ce « plus » inhérent à notre différence.

Ce besoin d'interdépendance est vital pour l'homme. Autour de nous, tout s'harmonise : les saisons, les abeilles qui fécondent les fleurs, le soleil qui réchauffe, l'eau qui désaltère, la pluie qui nourrit, la terre qui reçoit la graine, la semence qui devient nourriture, et son absorption qui apporte de nouvelles forces. Aucune pression de manipulation, seule cette envie incessante d'être et de partager.

Flash-back au milieu d'une ville pendant les heures de pointe. L'être humain si civilisé, si intelligent, si sûr de son savoir, de ses idées, de ses réalisations, commence l'affrontement quotidien. Au volant de sa voiture, qui se transforme en bolide de guerre, il agresse, fonce, et se fraie un passage pour atteindre son but : arriver le premier quoi qu'il arrive !

Tout y passera : accélération soudaine, klaxon, queue de poisson, je force la priorité, puis, vingt mètres plus loin, je « pète les plombs », je hurle, j'ai les yeux qui jettent de la mort, mes poings se serrent, j'ai mal, je continue de hurler. « C'est inadmissible, impardonnable, cela mérite la sentence suprême ! En plus, c'est une femme, et elle a osé forcer ma priorité ! » Dans l'immobilité totale, j'augmente ma pression, puis je charge et, en plus, je me fais voler cette place de stationnement qui m'était réservée : j'explose de nouveau, et la journée ne fait que commencer...

Je ne vous parlerai pas de la pile de dossiers urgents, de la secrétaire malade, de la mauvaise humeur de mes collègues, de la panne de chauffage au bureau, de la contravention reçue par courrier, l'annulation pour cause de maladie de ma soirée de concert, ces clients insatisfaits, mécontents, ou encore de Thierry, qui a toujours le sourire.....

Eh bien, comme nous pouvons le voir à tout moment, nous avons tendance malheureusement à nous placer dans cette attitude cacophonique qui divise et fragmente. Avec un certain recul, empruntez le même trajet, doté du désir ferme de participer à cette immense danse en conservant le vrai rythme, et vous découvrirez ébahi les murs de résistances et de souffrances qui se dressent tout autour de vous et qui, en fait, crient à l'aide.

Ce comportement responsable et fluide vous amènera paisiblement et sans encombre à votre destination, et vous ressentirez une énorme compassion pour ces prisonniers malgré eux du chaos qui divise.

« Vivre grand », c'est s'extirper de la croyance en la division, donc de la lutte. Savoir abandonner le crédit du regard de l'autre sur ses propres actions, sur sa façon de gérer son existence.

Brisons définitivement cette lourde chaîne qui nous attache fortement. Vivre ses propres expériences pour accroître cette maîtrise de son être sans se soucier de ce que les autres vont penser. Quittons à tout jamais ce repère extérieur faussé pour accueillir avec plaisir cette conviction profonde d'unité qui croît depuis notre axe intérieur, notre colonne vertébrale de vie, donc de tous nos choix, de toutes nos décisions, de tous nos engagements, de toutes nos responsabilités.

Construisons notre maison sur le roc de cette confiance intérieure retrouvée au lieu de nous enquérir à n'en plus finir au dehors, et de bâtir notre maison sur le sable de l'illusion. Un jour, la tempête sera et nous devrons seul subir les dégâts ravageurs de cette illusion.

Même si cela peut paraître plus difficile au début, nous saurons pertinemment que notre action sera sincère et saine, ceci représentant les fondements de toute réalisation solide.

Notre ancien schéma nous portera à croire aux chimères, aux solutions facilement accessibles que l'on préconise à notre égard. Nous pourrons aller écouter le professeur miracle, la technique miracle, le médecin miracle, le régime miracle, mais nous devrons vivre par nous-même chaque pas de notre pleine réalisation. Et cette liberté est la plus belle !

Qui mieux que soi-même peut ressentir ce dont nous avons réellement besoin ? Quel que soit le bien-fondé d'une proposition extérieure, il n'en revient encore une fois qu'à nous-même d'accéder par le développement de nos facultés propres à ce seuil plus élevé d'éveil.

Personne ne peut marcher à notre place. Se connaître passe par cette recherche d'authenticité qui nous transportera au sein du royaume de l'humilité.

Plus nous dépoussiérons le diamant, plus nous découvrons l'infinité de notre potentiel. Et nous en revenons encore une fois à l'essentiel : simplement être !

« Être, c'est connaître toutes choses ».

Mon attention m'attire soudain en pleine enfance. En regardant la neige tomber à l'extérieur et développer plus largement son long manteau blanc qui recouvre le Tout avec délicatesse, je ne peux m'empêcher de me souvenir.

Avant de m'endormir, j'adorais m'imaginer blotti dans un tout petit chalet solitaire, perdu en haut de la montagne, les flocons de neige dansant en tourbillon au milieu des bourrasques de vent glacial. Imaginez vous retrouver dans le chalet isolé de Charlot dans *La Ruée vers l'or*!

Seul sous mes draps et mes couvertures, j'étais bien. Avec la complicité du crépitement du feu de cheminée, je me laissais gagner par un immense sentiment de sécurité et de paix.

Me voici à nouveau replongé au sein de cette sensation de plénitude de mes jeunes années. Quel beau privilège ! J'apprécie cette volupté de l'instant. Clin d'œil de la Vie, je me retrouve comme je l'avais imaginé enfant, isolé en altitude entre les murs de bois d'un minuscule et féerique chalet, écrivant mon premier livre.

Je ne peux que m'incliner d'allégresse en faveur de Dame la Vie. Merci de l'intensité de ces moments chaleureux et profonds. Que ces mots généreux vous offrent l'envie d'aller encore plus loin à la découverte fascinante de cette mine d'or que vous ne cessez d'être.

Éloignons-nous une fois pour toutes de ce schéma restrictif et destructeur que représente le jugement ! Trop souvent, nous nous accrochons instant après instant à juger les moindres faits et propos des autres. À ce jeu peu vertueux et dangereux, osons prendre le contre-pied de l'acceptation des différents points de vue, de façon à nous libérer de nos réactions passées. Ce que nous n'apprécions guère dans le comportement d'autrui est simplement une partie de nous-même que nous ne nous autorisons pas à posséder.

Encore une fois, plus nous rejetterons cette facette de nous-même, plus cette attitude s'enracinera profondément, et, malheureusement, l'expression de celle-ci persistera au sein de notre quotidien.

Dès lors, nous construisons un cercle vicieux qui nous emprisonne et nous gouverne. Le malaise s'intensifie jour après jour et ruine nos possibilités d'être vraiment nous-même, nos possibilités d'unification, jusqu'au moment où nous en sommes anéanti.

Découvrons cependant, grâce à ces éléments erronés, l'occasion d'une rencontre vraie avec l'autre. Désapprenons ces outils pernicieux pour mieux nous rebâtir de l'intérieur vers l'extérieur !

Utilisons à bon escient les bienfaits de tout miroir pour accéder enfin à ce lieu magique et solitaire, où nous rejoignons l'essence de l'être. S'ouvrira alors avec majesté la porte qui nous fait parvenir à la Vie amie.

Tout à coup, notre manière nouvelle d'aborder l'inconnu nous permettra de nous abandonner entièrement à l'*instant présent,* et notre saine attitude trouvera en toutes choses un point d'appui solide pour nous exprimer librement, en vivant simplement avec ferveur notre tâche.

L'engagement de soi ne représente plus alors une contrainte extérieure nuisible qui nous arrache notre liberté, mais au contraire le tremplin ami de notre évolution, donc de notre complète réalisation.

Tout est une question d'énergie : ou nous l'utilisons contre nous-même, ou nous la transformons en carburant pour atteindre nos buts les plus chers.

Il n'y a pas de bonne ou de mauvaise énergie. Seule ma manière de l'aborder m'embellira ou, au contraire, me détruira.

Dans le même ordre d'idées, je conseille régulièrement des gens d'affaires et j'ai toujours été surpris de voir comment ils dilapident ce capital si précieux.

Eux qui excellent à faire fructifier l'argent, privilégiant l'épargne pour pouvoir ensuite investir à bon escient, gaspillent pourtant leurs richesses énergétiques en ne se consacrant qu'aux dépenses. Toutefois, comme ils l'expliquent si bien en affaires, dépenser de façon aussi volatile et à l'excès entraîne en droite ligne vers la faillite.

Eh bien, si votre motivation est de faire de l'argent, il vous faudra avant tout apprendre à économiser votre énergie personnelle, pour pouvoir vous en servir où vous voulez, quand vous voulez, pour créer votre succès.

Revenons à cette attitude excentrique, qui consiste à entamer sa journée d'activités comme une guerre sanglante et accélérée, pour envisager les dégâts qu'elle cause.

Prenez quelques instants pour méditer sur ce fait : plus j'accélère, plus je brûle la chair de mon essence, jusqu'au jour extrême où celle-ci se déchire dans son cœur. Et c'est alors souvent trop tard. La cicatrisation éventuelle sera une rude remise en cause de soi, et prendra l'essentiel de notre emploi du temps.

Prévenir, c'est mieux que guérir.

Plongeons avec extase au milieu de l'univers infini de l'émotion pour mieux comprendre notre vie énergétique !

J'aimerais que vous déposiez votre livre quelques instants. Redressez votre dos, ancré lourdement dans vos fesses, relevez votre nuque longue et infinie.

Fermez paisiblement vos yeux. Poussez un soupir profond, lent, libérateur, sincère. Puis, laissez venir naturellement l'inspiration, abandonnez-vous avec confiance au cœur de votre être. Permettez à votre respiration naturelle de s'exprimer, puis, prenez le temps de vous isoler intimement au sein de votre bulle, où tout devient chaleur et protection.

Ouvrez votre cœur à cet espace vierge de silence ! Laissez ce silence envahir votre essence, votre chair. Vivez « ici et maintenant » les bienfaits régénérateurs de cette oasis de paix, d'intimité.

Laissez vibrer le silence au plus profond de vous-même. Apprenez à quitter l'empire du réfléchir afin de vous bercer avec douceur au sein de l'empire du ressentir. Ressentir, c'est vivre. Vivre, c'est ressentir....

Laissons-nous aller à ressentir ces mots sublimes d'Antoine de Saint-Exupéry dans *Le Petit Prince*: « On ne voit bien qu'avec le cœur, l'essentiel est invisible pour les yeux » !

Aimer

Le cœur de tout homme sait.
Le cœur de tout homme connaît.
Le cœur de tout homme vibre.
Le cœur de tout homme aime.
Le cœur de tout homme **est**.

Écouter son cœur, c'est savoir.
Écouter son cœur, c'est connaître.
Écouter son cœur, c'est vibrer.
Écouter son cœur, c'est aimer.
Écouter son cœur, c'est être.
Écouter son cœur, c'est « Vivre grand ».

Les mots deviennent superflus, l'essentiel reste : être son cœur. Notre cœur a faim de vivre.

Tout à coup, nous nous retrouvons où nous avons toujours rêvé d'être, en cet espace magique qui réunit toute chose. Plus de distances, de barrières, de limites, de questions. Tout devient si simple et, en même temps, si intense.

Les masques tombent, le cœur sourit à nouveau, enfin. Le cœur ami réapparaît, nous sortant de l'obscurité mercantile de notre ego. Et la magie de notre cœur reprend alors ses droits, son envol.

Quoi qu'il advienne, où que nous soyons, il existe un territoire inviolable pour nous accueillir afin que s'ouvre la porte si souvent verrouillée à double tour de notre cœur. Cet asile de paix, ce meilleur ami de notre cœur, c'est le silence.

Prendre le temps de s'isoler encore une fois dans les bras chaleureux du silence, c'est redécouvrir notre cœur. Pénétrons fermement en ce lieu sacré qui n'a cessé de nous attendre et de nous supporter au gré de nos errements.

L'accès à notre cœur nous ouvrira alors les routes élégantes du savoir-être et nous propulsera au travers du savoir-faire.

Écouter à nouveau son cœur, c'est retrouver le chemin de la simplicité. Chacun, quel qu'il soit, peut à tout moment s'envelopper au sein de son cœur, dès l'instant où il lâche les brides de l'illusion, de la prétention limitative du savoir.

Il suffit d'être son cœur, pour qu'en quelques instants le monde autour de soi se transforme et s'illumine en opportunités. Jamais personne, malgré son pouvoir extérieur, ses menaces, ses prisons, ses punitions, ne pourra ôter le fait d'être son cœur à celui qui le vit.

Se laisser aller au plus profond de son cœur, c'est avoir accès à la plus belle des sources : l'Amour. Et, depuis cette profondeur, s'initier pas après pas à apprendre à être gentil avec soi-même, à s'aimer.

S'aimer, c'est m'accepter tel que je suis en ce jour.
S'aimer, c'est oser croire en ce que je suis.
S'aimer, c'est m'ouvrir à la possibilité audacieuse d'oser exprimer pleinement mes ressources.
S'aimer, c'est ne vouloir pour rien au monde échanger mon cœur pour un quelconque artifice extérieur.
S'aimer, c'est croire que « tout est possible ».
S'aimer, c'est ressentir l'infinie beauté de mon être, tel ce coucher de soleil féerique sur la forêt enneigée.
S'aimer, c'est se libérer de la peur, de la limitation.
S'aimer, c'est devenir le cœur de toute chose, l'âme de la Vie.

S'aimer, c'est vivre cet instant, comme le délice d'une vie.

S'aimer, c'est choisir d'être heureux en soi.

S'aimer, c'est permettre à ce sourire de l'enfance qui s'impatientait de rejaillir à nouveau.

S'aimer, c'est écouter les besoins des autres.

S'aimer, c'est savoir seulement dire « Merci ».

L'Amour représente le plus grand pouvoir de ce monde. Et, avant toute chose, il commence en soi-même.

Cultiver le silence, c'est permettre à notre cœur bien-aimé de construire autour de soi les pontons de l'Amour.

Ancré dans l'Amour, j'apprendrai à voir dans l'agressivité de l'homme le cri au secours de quelqu'un qui a peur. Je ne chercherai plus à devenir brillant car, depuis cet axe d'Amour, tout brille. L'équation de l'Amour se résume à la danse perpétuelle du silence et de mon cœur. M'enracinant au sein de cette forteresse, il me sera alors aisé de vivre le monde.

Être son cœur, c'est ressentir l'univers battre continuellement avec vigueur au sein de son sang. Plus de frontières, mais cette inexplicable soif de vivre sa vie. Tout redevient une seule et unique danse, gouvernée par la rythmique quantique de l'univers.

Je lève la tête et je surprends au loin deux gosses en train de faire l'ascension d'une montée abrupte, tenant dans une main une luge. J'imagine depuis mon pupitre l'étincelle qui vibre dans le fond de leurs yeux avant le grand saut.

S'aimer, c'est oser défier le temps analytique pour m'engouffrer à nouveau dans la jubilation d'une descente virevoltante dans le creux de la luge de mon enfance, criant, riant, jouant ma vie.

Nanti de cette nouvelle certitude, beaucoup plus riche qu'avant, j'aurai à loisir la possibilité de vivre la richesse de l'Amour, sans cesse disponible pour celui qui a le courage de l'affirmer avec foi.

Retrouver un cœur léger deviendra alors le ciment de mes instants.

En pleine époque du virtuel, je réécoute affectueusement l'abondance infinie que nous procure la sensibilité. *L'éternel présent*, c'est d'affirmer en son quotidien la richesse sublime de l'Amour.

Aimer, c'est ressentir. Ressentir, c'est percevoir. Percevoir, c'est anticiper. Anticiper, c'est agir. Agir, c'est construire. Construire, c'est aider.

Depuis ce nouvel axe de l'Amour, je vais réapprendre à développer pour mon bien et pour le bien de tous mon capital de confiance, donc d'action. Et c'est ainsi que je vais avancer et faire avancer les autres avec moi.

Mon nouvel état intérieur d'acceptation, donc de sécurité, me permettra de bâtir grâce à l'interdépendance. Le rassemblement détrônera l'incertitude de la division, permettant à tout un chacun d'exprimer ses qualités propres au sein d'un climat convivial de sérénité.

Le vrai leader n'est pas celui qui s'impose, mais la femme ou l'homme que nous suivons tout naturellement, parce qu'elle ou il représente le Vrai. Et cela, nous ne pouvons l'imiter, le forcer, le rigidifier ou le contrôler, il faut avant tout le vivre soi-même.

Nous ne cherchons pas à devenir un leader, nous le devenons tout naturellement. Le leader, c'est celui auprès de qui nous nous sentons meilleur, plus apte, plus intelligent, fier de notre différence... Et cela, nous ne pouvons le travestir.

Réapprendre à être vrai, c'est donc s'accepter et oser s'aimer sincèrement afin de s'ouvrir au pouvoir gigantesque de l'Amour. Tout devient alors possible. Libérons notre cœur brisé ! Plus de fractures entre un personnage intime, privé, professionnel ou social. À bas les casquettes illusoires, mais, à tout endroit et à tout moment, vibrez de cette cohérence qui donne envie de vous suivre, de *fusionner tout naturellement* avec vous !

Le quotidien se transforme spontanément en un récital continu où nous apprenons à vivre notre être, à vivre notre cœur, à être nous-même. Notre vocation suprême, c'est d'être. Tressaillir de joie sur ce sentier de l'instant, du fond d'un cœur pur, si simple, si innocent.

Au fur et à mesure de l'écoute de notre cœur, nous découvrirons la plus grande des sagesses, le plus grand des enseignants, qui nous libère de toutes ces fausses informations reçues.

Quittons ces repères artificiels, renforcés par notre ego limité, qui se veulent rassurants, mais qui, au contraire, nous enfoncent encore plus loin dans la crainte, la dépendance, accroissant ce sentiment de souffrance.

Sachons nous effacer devant notre cœur où règne la paix, posséder le courage d'aller jusqu'au bout de notre être. L'erreur si souvent commise, c'est de vouloir se préfabriquer en quelque chose de très bien, de parfait, pour participer ensuite seulement à la vie du monde.

Mais encore une fois, avant toute chose, l'important est uniquement d'être ce que je suis. Et, ancré dans cette attitude subtile, je suis la vie du monde, disponible pour écouter, pour partager, pour construire, pour Vivre.

Pour cela, il me faut me remettre à m'aimer. Sinon, un certain sentiment d'amertume sera constamment présent et il rendra difficile, voire peu fiable, le fait d'aimer les autres. Tout commence à l'intérieur pour se matérialiser à l'extérieur. S'aimer, c'est en premier lieu prendre le temps de m'accepter et, à partir de cette acceptation, je pourrai devenir ma vie.

Ne plus rejeter la faute de mon malheur sur les autres et le monde, mais accepter de supporter les conséquences de mes actes.

Accepter le fait d'avoir forgé aussi des défauts, et donc travailler sans cesse à m'améliorer, à m'élever au-dessus de mes propres limitations.

Accepter de miser d'abord sur mon intégrité, au lieu de choisir un réconfort immédiat, facile, mais illusoire.

Accepter la volonté de mon cœur, même si cela peut paraître illogique et insurmontable.

Accepter de ressentir mon cœur souffrir atrocement plutôt que de continuer à me faire croire que j'ai raison.

Tout renaît réellement à cet instant précis seulement. En s'autorisant à vivre cette souffrance trop longtemps refusée, refoulée, nous éclairerons notre parcours pour repartir sur les fondations vraies de l'axe de la Vie.

J'ai si longtemps retardé cette échéance, doutant si fort de mes capacités.

S'il existe en fait un point commun entre les êtres humains, entre nous tous, les femmes ou les hommes, c'est de connaître cette sensation si intense de la peur, de l'abandon, de ne pas être aimé, somme toute, de la mort.

Et, malgré cela, nous nous évertuons à jouer, souvent grossièrement, le rôle d'un héros des temps modernes, se pavanant à tenter de faire croire une minute après l'autre, à sa force suprême, à sa perfection, sans jamais y croire soi-même.

Ce comportement futile, mais surtout meurtrier et sadique, entretient et nourrit en permanence une pression énorme, minant jour après jour notre vitalité, creusant un trou énorme au fond de notre cœur, le provoquant à hurler encore plus fort : « Aime-moi ».

Comme nous l'avons vu antérieurement, la stupidité de ce jeu, est d'anticiper cette pression tout à fait infondée, illusion créée et renforcée par notre propre mental, contre notre propre équilibre. Cette attitude erronée devient le poison de notre vie.

Comme vous tous, j'ai joué trop longtemps à ce jeu pervers : plus je paraissais fort en apparence, plus je m'enfonçais dans le doute et la peur du lendemain. Plus je craignais ce lendemain, plus je voulais tout contrôler à l'extérieur de moi, pour renforcer ma situation présumée de maîtrise. Plus j'exerçais un contrôle sur ma vie, plus j'en détruisais ses possibilités. Et, comme j'assassinais ses potentialités, je m'accrochais vigoureusement à préserver mes acquis. Plus je préservais mes acquis, plus j'en dépendais. Plus la dépendance m'accaparait, me tenaillait, plus la Vie me quittait, me laissant seul, abandonné à moi-même, assailli par ce fameux sentiment accru de souffrance, de fracture, d'incompréhension et de solitude.

Chose certaine, nous devrons affronter ce moment un jour ou l'autre. Plus nous attendons, plus nous le repoussons, plus nous en augmentons la résistance.

C'est une grande illusion de croire que la fuite peut me sauver. Cette longue attente mémorable m'a permis de le comprendre. Viendra un moment où je devrai affronter chaque situation et me retrouver face à moi-même.

Je ne suis pas et je ne veux pas être un héros, même si cela peut déplaire à certains. Ce que les autres racontent à mon égard m'est égal. Je suis un homme dont la seule prétention est d'abord et avant tout d'être sincère avec lui-même. C'est à partir de ce dessein d'authenticité et de don de soi exclusivement que je pourrai adopter cette volonté d'entretenir des relations saines avec mon entourage. L'humilité et la tolérance amplifieront alors avec générosité ces échanges.

Accepter mes propres limites, c'est me donner la totale liberté de les transcender. Depuis ce nouvel axe de Vie, chaque instant me permettra alors d'abandonner et de désapprendre mes comportements erronés.

Aborder ma vie depuis cette nouvelle certitude que je suis comme je suis, et rien que cela, est déjà merveilleux.

La souffrance ressentie au fond de mon cœur résumait simplement tout ce potentiel de Vie que je refusais et qui se transformait alors en douleur. Lorsque mon cœur souffre, ce n'est pas nécessairement mal, ce n'est pas quelque chose de néfaste, de « mauvais », au contraire, c'est la preuve de la Vie bouillonnante au plus profond de moi, mon cœur qui me crie avec amour :

« Arrête de combattre, de pousser le mur, de lutter, je t'aime comme tu es ».

Chaque fois que j'ai accepté de lâcher prise, de m'en remettre entièrement à mon cœur pour prendre une décision et ainsi continuer mon chemin, j'ai d'abord vécu en moi-même une souffrance, la peur du lendemain, d'une violence et d'une intensité immense. Puis, ce mal-être accepté a cédé la place à un sentiment extraordinaire de Vie, d'énergie.

Tout à coup, je me retrouvais à un nouvel étage, au milieu d'un nouveau territoire, libre, ouvert, infini, offrant une multitude d'autres possibilités d'expression.

Dès l'instant où, il y a quelques années, j'ai décidé une première fois de plonger complètement au fond de la cohérence de mon cœur, sans aucune retenue ou compromis, d'oser m'accepter tel que je suis, et non pas comme j'aurais aimé être, je me suis alors retrouvé entraîné avec force dans une cascade d'événements successifs, que jamais je n'aurais pu imaginer auparavant.

Et, devant chaque nouvelle décision à prendre, d'un côté un orchestre de conseils extérieurs, préconisant la logique, la chance de posséder déjà ceci ou cela, multipliant les indices d'un avenir ténébreux, peu sûr pour les nouveaux projets, renforçant la solution illusoire et dénuée de vrai, de Vie.

Et, de l'autre côté, esseulé, tellement seul je l'avoue, mon cœur, joyeux, me chuchotant sans emportement, sereinement, confiant d'emprunter l'autre voie, la voie de l'aventure, de l'inconnu, de la virginité.

En choisissant celle-ci, je vécus alors cette poussée d'adrénaline, en quittant le connu, le stable, le figé, pour goûter avec délice les bienfaits du mouvement perpétuel de la vitalité m'offrant son cadeau régénérateur, un précieux gain d'énergie, véritable élixir de jouvence.

J'ai expérimenté enfin le vrai déséquilibre, en me laissant glisser dans le courant impétueux de la Vie, pour prendre conscience que la réelle sécurité réside dans les racines de l'inconnu.

J'insiste à nouveau sur l'acceptation vraie de soi-même, sans aucun artifice.

J'avoue que chaque « pas de géant » vers l'avant n'est pas forcément facile, bien au contraire. Tout a tendance à me pousser dans l'attitude conservatrice. Seul résonne au fond de mon cœur cet appel à continuer ma route et non de mettre ma vie en conserve.

Nous vivons une période où nous tentons de tout aseptiser, de tout rendre *sécurisant*. Nous multiplions les assurances pour nous protéger de l'inconnu, nous insultons même la Vie, en voyant en elle la pire des ennemies, l'ennemie publique n°1, la plus machiavélique des adversaires. Avec cette fausse attitude, nous nous révoltons à jamais contre la Vie, faute de lui pardonner le fait que nous allons *mourir*.

Par ailleurs, au lieu de passer notre temps à vivre notre vie, nous la dilapidons en craignant à tout instant de la perdre. Ce comportement entraîne des répercussions fâcheuses car il extirpe la vitalité de notre corps. Plus je représente cette vision des choses, plus je crains tout ce que la Vie apporte, m'isolant dans ce monde sans parfum, sans couleurs, sans mélodie, sans tendresse, sans mystère, sans rêve, mais qui me propose l'illusion de la sécurité permanente. Où que je sois, je mange pareil, je m'habille pareil, je joue pareil, je récite les mêmes propos... Et on prétend que quelqu'un s'occupe de mon bonheur.

Vivons chaque instant en harmonie avec nous-même, en acceptant avec joie que la Vie elle-même est notre meilleure amie. À chacun de le découvrir. Se connaître, c'est vivre. Et vivre, c'est se connaître.

Nous revoilà à la notion de choix. Choisir, c'est la valeur merveilleuse de notre liberté et de notre évolution.

En fait, aucune décision n'est vraiment bonne ou mauvaise, mais je dois savoir que, peu importe ma décision, il y a un prix à payer. Est-ce que j'accepte d'en payer le prix ? Vais-je choisir la Vie ou le mensonge ? Je bénéficie toujours de ce libre arbitre quant à vivre les expériences de mes choix. Ceci est ma responsabilité personnelle. La plus grave de mes décisions, c'est de donner à quelqu'un d'extérieur à moi, le droit de choisir ma vie.

La plus belle chose qui me soit arrivée dans mon existence, c'est d'abandonner cette croyance de devoir prouver que j'étais quelqu'un de bien, de prouver qui j'étais. La plus noble des batailles qui vaillent la peine d'être vécues, c'est de devenir un athlète de l'espoir qui apporte en tout lieu, la vie, le rire, l'espérance en de meilleurs lendemains.

Je proclamerai alors fièrement ce besoin d'évoluer, de grandir, de s'épanouir, d'être le sourire de Dame la Vie.

Vivre, c'est apprendre à m'ancrer fortement dans la terre pour mieux m'élever, découvrir ainsi la voie lactée de mes possibilités, et non de m'enterrer vivant pour éviter peut-être d'échouer.

Se servir de ses doutes, de son inquiétude, comme une preuve de la présence d'une énergie insoupçonnée, malheureusement bloquée, mais qui aspire à redevenir fluidité et mouvement pour me hisser aux sommets de mes désirs les plus intimes.

Je crois fermement que nous pouvons exister loin de toutes ces peines et alors, sans plus attendre, nous abandonner à cet appel de notre profondeur, du tréfonds de nous-même.

Les limites, c'était avant de guérir, avant de s'aimer.

Au gré des mots, selon ma propre expérience, je me rends compte que l'acte d'écrire englobe tout sauf l'aspect intellectuel. L'écriture m'amène surtout à ressentir et très peu réfléchir. Pour moi, écrire se conjugue avec plaisir. Et s'ajoute la force d'offrir des élans, du réconfort, de la chaleur humaine, une simple tendresse des mots.

Le cœur sait, l'essentiel se résume à faire vibrer de jeunesse ses cordes invisibles et sensibles.

En fait, au détour curieux d'un étrange parcours, tout m'a amené à ce jour où j'ai pris la plume. Par le biais de ce même besoin clef qui criait : « Envie d'amour », donc d'émotions.

À passer de la ville à la campagne, entre le commerce et la ferme, sans oublier le football, j'ai eu l'infinie chance de baigner dans un univers où la passion avait sa raison d'être.

Passionné, je l'ai toujours été. De mes années d'école, je me souviens surtout d'avoir été apprécié par mes camarades ; quant aux enseignants, je respectais néanmoins ceux qui étaient leur matière, et je me rebellais contre ceux qui m'imposaient la leur.

En jetant un coup d'œil rétrospectif sur ma vie, je puis dire que la campagne m'a donné mes plus belles racines. Le football, quant à lui, même s'il m'a fait énormément souffrir, il m'a appris en revanche les bases de la persévérance, à ressentir le dépassement de soi, en me léguant par ailleurs de précieux souvenirs.

L'univers du *fitness* m'a ouvert à d'autres horizons : à l'enseignement, à l'écoute des besoins de chacun, de l'importance de préserver sa santé, me guidant bien au-delà du simple besoin d'apparence. Comme tant d'autres, j'y ai plongé tête baissée avant de trouver en ce métier la richesse de pouvoir vraiment donner, d'aider, de s'oublier, pour mieux dynamiser le potentiel de l'autre. Cette nouvelle école fut fameuse. Elle s'égara bien parfois, faute d'expérimentation, mais elle fut toujours portée dans son élan par des gens passionnés, tout à fait convaincus et sincères dans ce qu'ils faisaient.

Cet univers a perpétuellement changé tout en ouvrant d'autres portes plus subtiles. J'ai eu la chance de le côtoyer pendant plus d'une dizaine d'années et de découvrir par le fait même l'extraordinaire monde de la femme et de ses fabuleuses possibilités. De nombreux voyages, la possibilité de former des enseignants et d'enseigner à des milliers de personnes de tous les âges, de toutes conditions et de convictions différentes, m'ont permis de développer cette faculté d'écoute sincère.

Dans les dernières années de ce parcours, la Vie m'a amené alors à m'exprimer lors de conférences sur le bien-fondé de la prévention de la santé, devant des auditoires de gens d'affaires.

Je ne vous cacherai pas que le plus amusant, lors de mes premières interventions, c'était de m'entendre m'exprimer en anglais avec un fort accent français !

Oser l'impossible à cette époque, en parler plutôt que de le faire, afin de donner envie de le pratiquer, et dans une autre langue par surcroît.

Au gré de ces rencontres, s'ajoutent d'autres expériences, se greffent d'autres vécus, et l'on me propose un autre métier ; puis le retour dans le sport de haut niveau, point de départ de cette fameuse boucle.

Sans oublier un passage profond et intense dans le milieu artistique de la dramaturgie.

Je n'ai jamais cherché à faire ce que je fais aujourd'hui et je sais pertinemment que je ferai autre chose plus tard.

Encore Merci la Vie pour toutes ces richesses, toute cette confiance.

L'écoute de l'autre, cela ne s'apprend pas dans les livres, cela se vit. Nous ne pouvons qu'oser ressentir l'appel de nos sens, nous autoriser à les vivre, à les expérimenter pour enfin mieux tenter de comprendre l'autre et ses propres limitations.

Savoir ce que l'autre peut éprouver dans le fond de son ventre à tel moment, et surtout ne pas juger, mais, au contraire, lui accorder le droit de le vivre.

Accepter l'autre tel qu'il est sera le point d'appui de son expression. Retour sur ces valeurs humaines essentielles qui forment l'éther de la Vie.

J'ai mis beaucoup de temps à comprendre cet enseignement divin de mon père. Cet homme immense aux mains gigantesques, avec cette étincelle qui pétillait au fond de son regard noir et vrai, me répétait en se frappant la région du cœur de la paume de la main droite : « Tu peux tout réaliser si tu mets du cœur dans chacun de tes gestes ».

Avec le temps et à la grande surprise de mon père, c'est cette notion superbe du *cœur à l'ouvrage* qui est devenue maintenant la clef de voûte de mes croyances. En mettant notre cœur à la tâche, nous réapprenons en fait à nous aimer, à nous respecter, à aimer la Vie et à l'honorer.

J'ai vu et je vois encore mon père se consacrer entièrement à la tâche effectuée avec la même attention et cette ferme intention de servir avec son cœur : que ce soit pour faire un gâteau, pour ratisser les feuilles mortes, pour laver les vitres de la voiture, pour arroser les plantes, pour passer la serpillière sur le carrelage ou pour ouvrir une bonne bouteille.

Tout comme notre cœur d'enfant s'enflammait instantanément pour l'une ou l'autre activité, ne faisons plus de différence entre chacune. Laissons-nous désormais couler dans la tâche pour enfin commencer à nous aimer, à nous « rassembler » et nous remplir de cette saveur exquise qu'on appelle le bonheur.

Être heureux, c'est un désir, mais également un choix. Il suffit d'être fidèle à son cœur pour ensuite s'investir pleinement et faire pas à pas ce chemin qui nous libère.

Chantons éperdument cette espérance de la transformation. La meilleure manière de se réaliser est de se consacrer à célébrer les vertus d'accomplir toute chose avec ses tripes, c'est-à-dire de tout son cœur avec Amour.

Et, dès cet instant, la magie de la Vie nous libérera de la bassesse de l'ennui pour nous accueillir dans les bras ouverts de la joie !

Je vous propose un voyage au pays du bonheur, plus particulièrement de la magie de vivre.

Déposez votre livre devant vous, ancrez-vous dans l'instant en restant bien assis sur vos muscles fessiers, tendez votre tête vers le ciel pour mieux vous grandir.

Puis, fermez délicieusement les yeux, exhalez un long soupir et voyez se fondre au sein de ce souffle libérateur ces bagages inutiles que sont la fatigue, l'ennui, le désespoir, le manque, pour vous laisser insuffler naturellement et remplir de Vie.

Abandonnez-vous sereinement à vous-même et retrouvez les traces de votre enfance. Ressentez la vitalité et l'émerveillement remonter en vous en imaginant ces souvenirs forts des premiers flocons de neige virevoltant dans le ciel souriant de blanc.

Imprégnez-vous de cette excitation immense, laissez-vous envelopper par ce désir de sortir, de crier, de lancer des boules de neige, de faire un bonhomme de neige, de glisser, de vous rouler avec ferveur et maints éclats de rire dans cette neige amie, tant aimée.

Étreignez cette complicité si sincère, si profonde, et partagez-la avec les autres enfants. Ressentez ce frémissement éprouvé à la vue des premiers sapins de Noël éclairés de couleurs multicolores, retrouvez les odeurs de chocolat chaud, les goûters tant appréciés...

Puis quittez délicatement mais avec le sourire cet univers hivernal. Ressourcez-vous maintenant à vivre les trépidations des derniers instants vous menant à la mer, cette étendue d'eau tour à tour calme et impétueuse que vous ne voyez guère et que vous ne connaissez pas encore. Laissez votre regard se fixer sur l'horizon pour la première fois. Vos yeux grands ouverts sur la Vie, votre cœur qui s'emballe, puis, tout à coup, tout s'arrête autour de vous, la grande extase, la mer se dresse enfin devant vous, fière, immense, vivante, trop belle, trop élégante; vous tombez à genoux, au cœur de ce grand silence qu'est la Vie.

Incursion dans l'élan d'un autre voyage intérieur : votre cœur « chamade » et bat à tout rompre en vous rapprochant timidement de ce premier rendez-vous galant. Vous avancez sans trop savoir comment, hésitant, peu sûr de vous, le sol se dérobant sous vos pas. Puis, tout à coup, l'autre vous sourit, la chaleur de sa main, vous entraîne dans l'univers exquis d'un premier « je t'aime », d'un premier baiser offert et venu d'on ne sait où.

Laissez-vous porter du fond de votre être sur cette partition joviale que nous dénommons bonheur. Il est à vous. Il est en vous. Et surtout, il vous démontrera, preuve vivante à l'appui, qu'il a toujours été là à vos côtés, dans chaque battement, serré auprès de votre cœur si complice.

Vous vous en êtes temporairement éloigné vous-même, cédant à la tentation de penser pouvoir l'acheter en dehors de vous. Le sentier de votre cœur représente la chair de votre bonheur. De plus, nul besoin de vouloir se le payer, de devoir combattre pour se l'accaparer, ou de s'illusionner à croire qu'il dépend de la possession de telle personne ou de telle chose.

Il est sans cesse là, au plus profond de vous, attendant seulement une étincelle de votre part pour l'illuminer, pour l'apprécier et pour le chérir à nouveau. Alors, chaque instant en ceindra le diadème tant recherché.

Il n'y a rien d'autre à faire que de goûter les délices enchanteresses de l'*éternel présent*. Quoi que je fasse, où que je sois, tout dépend de cette aptitude à renaître éternellement de ce passé qui fut et qui ne sera jamais plus.

Apprenons à retrouver le chemin de notre cœur : il a quelque chose d'important à nous dire !

Hâtons-nous enfin vers lui seul, nous qui, nuit et jour, prisonnier de ce tumulte qui hérisse d'obligations futiles nos moindres faits et gestes, subissons cette surexcitation d'allées et venues inutiles dans cet interminable labyrinthe où notre somnolence se nourrit. Nos yeux ne voient plus, nos oreilles n'entendent plus, isolé au milieu des tourments, blessé, vidé, à genoux, emprisonné par les liens lourds et solides que nous avons nous-mêmes tissés ; nous courons encore une fois, et toujours plus vite, vers de nouvelles illusions.

La morsure du temps s'accélère et élève devant nous des murailles toujours plus grandes, sans cesse plus hautes, chaque fois plus infranchissables. En pleine course, le supplice de vivre nous étrangle encore plus fort. Nous feignons de paraître, nous impatientant de nous savoir déjà arrivé, mais où ? Comment, de plus, aurions-nous eu le temps de nous poser la question à savoir quelle est notre ultime destination ?

Pour être féconde, cette existence virtuelle demande plus que jamais le respect de notre condition humaine. Et, pour cela, il nous faut savoir dire « stop » afin de préserver notre essence.

S'arrêter, c'est se payer le luxe de sortir sa tête hors de l'eau, de prendre une grande inspiration de vitalité ; c'est se hisser au-dessus des murailles, par-delà les montagnes, et même un jour avoir l'audace d'aplanir ces obstacles pour nous rendre la liberté de choisir la Vie !

Préparons sans relâche un sentier qui nous emmène vers notre cœur. Cet organe vital pourra alors se transformer en un somptueux calice et nous offrir un torrent ami de bénédictions et de solutions...

Accédons à cette condition absolument viscérale de refuser d'être coupé et arraché définitivement de nos racines essentielles.

Quand, avec un infini plaisir, cette patience sera réhabilitée, la jalousie et l'injustice s'effaceront de notre vie, cédant la place à l'Amour inconditionnel. Le mystère de notre cœur en chantera l'harmonie, désarmera nos craintes, éternisera la confiance et, malgré nous, surprendra nos anciennes croyances.

Devenus *audacieux*, nous nous oublierons jusqu'au bout des doigts, prêt à tout pour vivre ce secret de la Vie : *l'être*. Et nous nous apercevrons que notre cœur va toujours jusqu'à l'extrême !..

Notre seule prétention sera de respecter cette présence qui nous veut du bien. L'humour d'une vie, c'est d'accepter le plaisir de savoir notre cœur un peu fou et qu'il aime nous offrir des surprises, inventant mille et une astuces discrètes, pour nous permettre de concrétiser nos rêves les plus chers « ici et maintenant ». Abandonnons-nous à ces petits riens qui symbolisent le fait d'être vraiment !

Renforcées dans cette nouvelle confiance, toutes nos actions, toutes nos paroles, toutes nos pensées, tendront vers le même but le plus noble et le plus beau : être soi-même.

Ce besoin d'évolution permanente nous fera entrevoir le monde, non plus comme un terrain vulgaire, dangereux et miné de mauvaises intentions envers nous, mais bien plus comme un stade gigantesque proposant de multiples exercices pour raffermir notre maîtrise, pour oser devenir cet athlète du bonheur.

Et, à cet instant seulement, en s'acceptant complètement, tel un être humain en devenir, nous accueillerons cette certitude de nous investir, où que nous nous trouvions, pour avancer et faire progresser les autres avec nous. En toute occasion, en tout homme, nous verrons un *maître*, nous amenant ainsi l'opportunité de mieux nous comprendre au lieu de nous dire : « Ce n'est pas normal », « c'est scandaleux », « comment a-t-on pu oser faire cela ? », « la vie est si cruelle », « quelle chance il a, lui » ou « si j'avais.... »

S'arrêter, prendre du recul, chercher à comprendre, en fait pour mieux se comprendre. Nous avons vu que se battre pour l'illusion d'avoir raison ne fait que nous amener encore plus loin au sein de nos désillusions, amplifiant notre souffrance et notre isolement. L'autre attitude, celle de la compassion, de l'empathie, c'est d'oser se lâcher dans l'inconnu même si ce n'est pas facile mais au moins le « pas de géant » en direction de nous-même est alors amorcé.

L'Amour devient notre avenir, notre voie, le bol d'air du pays de l'enfance retrouvée

Je me lève à cinq heures trente tous les matins de ce fabuleux voyage aux terres de l'écriture, du don de soi, de la générosité des mots...

Je m'offre alors la plus belle des promenades ! Et, ce matin, j'ai ressenti l'euphorie d'un présent si précieux.

Dans l'obscurité et le froid matinal, mais réchauffé par la lumière naissante de ces duvets soyeux de neige blanche immaculée, j'ai levé les yeux et j'ai alors fait le grand saut dans l'univers féerique d'un ciel étoilé, bleu de nuit, qui enveloppait les montagnes environnantes. Cette limpidité, cette douce clarté, se dévoilaient à mon regard candide et surpris.

Après des jours de chutes de neige et de nuages plafonnant, pour la première fois, je vécus l'ouverture des limites. Ce toit du monde, qui me semblait pourtant déjà si haut, si inaccessible, s'offrait à moi ! Mes pas m'entraînèrent et je plongeai au cœur de mon cœur, au cœur de mon être, au cœur de la Vie.

Ces instants si infinis, si généreux, si vrais, me remplissaient de cette plénitude « d'être tout ». Plus rien n'était important, que ce soit les idées, pourtant recherchées par mon mental pour écrire, ou ma journée, tout cela s'effaçait, laissant la virginité de l'instant. L'*éternel présent* me criait si fort cette soif inassouvie de Vivre.

Enlacé dans le silence, je tressaillais du plus profond de ma chair en m'ouvrant à la Vie, à m'oublier totalement, à être la

Vie. Cette béatitude silencieuse souriait chaleureusement autour de moi, en moi, par moi et avec moi.

Les mots sont ce qu'ils sont, le verbe résonnait, se livrait. Partout, le long de ma promenade solitaire, je découvrais encore plus fort le fait d'être.

Aucune question, aucune interprétation, seulement *être l'instant*. Merci encore une fois à la Vie de ce don si surprenant, de m'accorder ce bonheur si serein !

Que c'est beau, vaste, et illimité, le fait *d'être son cœur* ! Quelle grande leçon d'harmonie ! Ceci me renforce à prôner la vaillance et la richesse de vivre ses expériences. Alors, tout peut changer : nos phrases, nos paroles se remplissent de présence, de Vie, charme essentiel de tout message, de tout échange.

Tant que l'on n'a pas vécu le plaisir de se glisser dans une eau tropicale, la sensation agréable ressentie par ses muscles en faisant de l'exercice, le bonheur d'enseigner, le froid glacial et humide du port d'Amsterdam, la douceur et la profondeur d'un vrai silence, nous en parlons avec notre intellect, sans les « tripes de l'expérience ».

Après avoir fait face à mes limites, je suis devenu *coach* afin d'aider l'autre à découvrir par lui-même de nouvelles possibilités pour qu'il puisse se hisser au-delà de ses limites actuelles ; quant aux miennes, elles m'ont laissé par exemple aux portes de la carrière de footballeur professionnel. J'étais convaincu que je pouvais les dépasser, mais, à défaut des bons appuis pour « amplifier mes maillons faibles », je n'y suis pas parvenu. Pourquoi et comment ? Je suis allé le chercher ailleurs et, clin d'œil de la Vie heureusement, elle m'a éloigné définitivement de ma première passion. Et de là, j'ai saisi encore davantage l'importance de répondre à mes questions, à mes blocages d'origine, j'ai appris à me découvrir pour mieux me retrouver. J'avais l'essentiel, la persévérance ; seuls les moyens physiques me manquaient alors.

Nouveau clin d'œil de la Vie : de trop petite taille, je suis devenu très grand ; avec le temps, ces maillons faibles sont devenus mes points forts. Il suffisait d'un peu de patience et, surtout, non pas simplement de dire « cela ne va pas », mais d'apporter en plus des outils, des solutions, pour se mettre au travail.

Mon manque de souplesse, par exemple, m'a permis j'en reparlerai plus tard de devenir spécialiste et formateur en *stretching*[3].

---

3. Anglicisme utilisé en France pour parler d'une gymnastique douce basée sur des étirements des fibres musculaires.

Et pourquoi puis-je le faire de manière efficace ? Tout simplement parce que je peux proposer au participant le bon déclic au bon moment, car j'ai déjà éprouvé la même difficulté, et voire même une difficulté plus grande encore.

Je vous encourage plus que jamais à persévérer malgré tous les propos que vous entendez autour de vous. L'important est de posséder cette persévérance, cette envie de sauter par-dessus la barre. Le physique se construit et la technique s'apprend, mais la tactique, elle, se comprend.

Cependant, pour transcender son état, il est nécessaire de posséder le ventre, les tripes et la motivation. Ensuite, si l'on nous guide intelligemment, il nous suffira de passer un peu plus d'heures de travail sur le terrain que l'élève talentueux.

Mais cela nous offrira par surcroît le privilège de connaître, de vivre la différence, la nôtre, donc la vraie force. Pourtant, et malheureusement, on trouve encore des soi-disant éducatrices ou éducateurs, qui « assassinent » l'essence d'un enfant, son potentiel à germer et, par conséquent, sa vie.

Les qualités de cœur sont les plus belles, les plus précieuses. Attention à vos propos, prenez du recul, vos paroles peuvent si souvent laisser l'enfant sur le carreau, le mettant hors de course... Et cela, nous ne pouvons plus le tolérer. C'est trop grave !

Trop souvent, même dès la prime jeunesse, tout est axé sur la performance avant tout : nous nous battons déjà pour gagner à tout prix la coupe, voyant dans l'adversaire l'ennemi à dominer, à mettre à terre.

Un seul objectif compte alors : le vaincre, quels que soient les moyens employés ! Nous renforçons déjà cette croyance erronée que la vie, c'est l'autre ou moi, qu'il n'y a pas de place pour les deux.

Je me dois donc de le surpasser pour continuer de croire que je suis quelqu'un de bien. Le problème à résoudre alors est en dehors de moi, il faut le faire trébucher !

Ce culte de la division, nous ne le retrouvons pas seulement dans le sport, mais dans les études, le travail, et même dans la famille et le couple. Ce jeu fou et faux préconise le fait de devoir être constamment le meilleur, le premier. Voilà la plus grande des illusions, le plus abominable des mensonges.

Le problème n'est pas extérieur à moi, je suis le problème. L'essentiel n'est pas de vaincre l'adversaire coûte que coûte, mais de savoir que le seul adversaire important, c'est moi-même...

Le plus grand ennemi sommeille en nous, il porte à la fois les noms de crainte, de doute, de limites. Le vrai éducateur est celui qui donne à l'enfant l'envie de l'emporter sur soi-même, d'aller chercher encore plus loin son potentiel insoupçonné.

Je quitte le stade en accord avec moi-même, j'ai tout donné, tout essayé ; si j'ai gagné, j'apprécie à sa juste valeur ce cadeau offert *le long du voyage*. Si je finis second, je reconnais que l'autre a excellé.

Je n'en sors pas aigri, mais au contraire rempli de cette conviction de vouloir, dès ce soir, m'entraîner à optimiser mes « maillons faibles » et à accroître la force de mes atouts fidèles.

Sortons de la myopie consistant à croire que nous sommes fort parce que nous nous mesurons « à l'extérieur », et que nous affrontons un plus faible. En cultivant cette mentalité, nous ne faisons qu'affaiblir notre propre potentiel, craignant continuellement de rencontrer quelqu'un qui nous renverrait, sous forme de défaite, la fragilité de notre construction.

Combien d'athlètes, de gens d'affaires, d'étudiants, se retrouvent malheureusement froidement largués, si loin de cette tour d'ivoire, sur laquelle ils se sont retrouvés pendant un bref *instant*? Ils ont trop cru que le but du voyage était là-haut, et que, de ce piédestal, ils posséderaient la clef du mystère, le bonheur.

La chute fait très mal, et plus encore si nous n'avons jamais appris que nous pouvons perdre une bataille. Il est très sain de vivre l'audace, mais consacrons-la à bâtir, jour après jour, les valeurs essentielles d'un être humain responsable.

Privilégions l'épanouissement de l'être, ceci amènera tout naturellement la performance à se réaliser.

Nous vivons à une époque où nous avons un besoin vital d'authenticité, de vécu, d'expériences. Où que vous soyez, quelle que soit votre tâche, persévérez sur votre chemin du cœur. Lui, il sait que vous êtes capable, et seule cette conviction, venue « de vos entrailles », peut vous permettre de vous libérer de ce carcan limitatif, dans lequel vous vous trouvez peut-être en cet instant.

Même si l'on vous répète qu'il est impossible d'atteindre votre objectif, n'y croyez pas. Le monde est rempli d'exemples de femmes et d'hommes qui ont mis leur foi dans leur cœur et qui ont matérialisé leurs rêves les plus fous, par des réalisations qui, pourtant, paraissaient impossibles.

Certains sont allés sur la lune. Des femmes sont devenues présidentes de leur pays. Des athlètes ont pulvérisé des records du monde. Des personnes handicapées dans leur chair, ont rebondi et atteint leurs objectifs censés être impossibles. D'autres, considérés peu doués pour les études, ont excellé dans les affaires, la recherche, la politique...

À l'époque, ma mère voulait être modiste, mais comme elle était gauchère, on lui expliqua qu'il lui fallait coudre de la main droite. Elle fit tant et si bien qu'elle parvint à transcender son présumé handicap en qualité, en acquérant autant d'adresse et de dextérité de la main droite que de la main gauche.

Tout dépend de vous seul, de votre engagement, de votre patience. Je n'ai jamais dit que c'était facile, mais nul être ne s'étiole en poursuivant ce que son cœur lui chuchote de retrouver.

Il est prépondérant d'en être exactement à ce point en ce jour. Tout ce que j'ai vécu jusqu'à maintenant m'a amené où je suis. Il n'y a rien à jeter, à regretter. Tout ceci fait partie de moi, de mon voyage, et m'a permis de mieux me comprendre, de m'accepter tel que je suis en ce jour, de m'ouvrir à d'autres expériences.

Tout change constamment. Et personnellement, c'est du tréfonds de mon cœur que j'ai décidé de permettre aux autres de se révéler.

Pour moi, *coacher* quelqu'un, c'est l'aider à accoucher de ses capacités réelles, sans proposer de solution ou de technique miracle, mais en étant à l'écoute, au *bon moment*, avec le *recul nécessaire*. Une seule préoccupation : l'épauler, pour découvrir, puis « désapprendre » ce qui ne marche pas. Travailler tout naturellement à *être son axe*, à mieux se connaître, afin qu'il n'ait plus besoin que de lui-même pour se guider à l'écoute de son cœur.

Je lève la tête et je surprends à ma fenêtre la Vie qui est. Depuis des jours, ces immenses glaçons qui pendaient lourdement du toit du chalet, se sont transformés en cascades ruisselantes murmurant gracieusement le chant de l'être. Ce même spectacle, fascinant et d'une simplicité alarmante, s'habille de décors tous plus beaux les uns que les autres.

Et, derrière ce défilé trompeur d'apparences, seule la Vie continue sa farandole. Dès l'instant où je cherche à l'expliquer, j'ai déjà perdu l'essence. Cela **est**, tout simplement.

Réjouissons-nous de participer activement à cette danse. Que nos paroles et nos gestes se rejoignent du plus profond de notre cœur, afin de célébrer une fois encore l'*éternel présent*. « Tout est possible ! »

Revenons-en à ce potentiel d'énergie, que, comme nous avons déjà pu nous en apercevoir précédemment, nous dilapidons, bâtissant à notre rythme notre propre chute. Sans énergie, la Vie s'arrête, la symphonie se fige, le mouvement cesse. Tentons de nous éclairer, de mettre en lumière le lien entre les émotions et l'énergie, de trouver ce rapport idéal avec notre cœur, ou, comme on dit plus particulièrement à l'heure actuelle, de gérer d'une manière optimale notre *énergie émotionnelle.*

Comme je viens du monde du sport, j'ai baigné à n'en plus finir dans le mouvement, essence de toute vie, moteur de l'action, et je sais que ce mouvement ne peut s'effectuer sans énergie. Et l'énergie, c'est de l'émotion pure.

Sans conteste, l'enthousiasme et ses multiples bienfaits, sont les plus grands, les plus libérateurs de potentiel énergétique. En contrepartie, la peur bloque au contraire la majeure partie de l'énergie, n'en laissant qu'une très faible quantité disponible pour créer, pour agir, pour vivre.

Étymologiquement, le terme émotion signifie : sortir de, mettre en dehors, exprimer la vitalité, l'énergie de vie par la créativité.

Mais, malheureusement, dans la majorité des cas, on nous a appris que l'émotion, ce n'est pas bien, que c'est dangereux. Parler de l'émotion est devenu, à notre époque dite « très civilisée », plus tabou que le sexe ou la drogue. Plutôt que d'exprimer ce potentiel vital impressionnant, nous avons ouvert grand le chemin opposé : c'est-à-dire refuser toute émotion, l'opprimer, voire la comprimer à l'intérieur de nous-même. Je développerai davantage ultérieurement sur les conséquences fâcheuses de ce comportement quant à notre corps physique.

Mais pour le moment, cherchons ensemble à mieux cerner le pourquoi de l'existence des émotions.

Nous avons vu l'enthousiasme, la peur, mais il y a aussi la tristesse, la déprime, la colère, la joie, l'angoisse, et une panoplie interminable de sentiments que nous pouvons ressentir. Pour simplifier notre approche, pourquoi ne pas séparer en fait tous ces sentiments en deux catégories distinctes : les émotions agréables, révélatrices d'un potentiel grandiose d'énergie, et les émotions désagréables, qui elles, malheureusement, ont tendance à brûler inutilement une grande part de cette énergie si importante.

La question à laquelle nous nous devons de répondre est de savoir pourquoi nous vivons une émotion agréable dans une situation précise, alors que nous ressentons une émotion désagréable dans une autre circonstance.

Imaginez-vous maintenant obtenir cette promotion tant attendue au sein de votre entreprise. Laissez-vous aller à vous imprégner de ce sentiment de joie qui s'exprime tout naturellement au fond de vos entrailles !

Changeons le décor et imaginez maintenant que vous receviez aujourd'hui dans votre courrier une lettre recommandée vous avisant, à votre grande et amère surprise, de votre licenciement, dès la fin de ce mois, pour cause de restructuration interne. Comment vous sentez-vous après l'avoir lue ? Inondé de peur de ne pouvoir continuer à payer votre emprunt pour l'hypothèque de la maison et terrassé de ne plus subvenir aux besoins de votre famille.

En l'espace de peu de temps, vous avez vécu deux émotions diamétralement opposées : l'une régénératrice, dynamisante, excitante, et l'autre, bloquante, fatigante et effrayante.

Quel est leur point commun ? Nous pouvons constater que, dans le premier cas, notre besoin de reconnaissance a été grandement respecté, nous entraînant à ressentir immédiatement un sentiment de plénitude, une émotion agréable d'enthousiasme.

Dans le second cas, notre besoin de sécurité a été complètement ignoré : il y a eu viol de notre espace vital fondamental et c'est pourquoi nous avons ressenti instantanément cette peur du lendemain.

Sur le plan énergétique, l'émotion agréable provoque un surplus d'énergie et nous permet d'agir encore plus fort, tandis que l'émotion désagréable fige la plus grande partie de notre potentiel d'action.

Mais avant d'aller plus loin, résumons ! Mes émotions sont étroitement liées à mes besoins vitaux. Chaque fois que mes besoins vitaux sont respectés, je ressens une émotion agréable, donc j'accrois mon potentiel d'énergie disponible. D'autre part, chaque fois que mes besoins vitaux ne sont pas respectés, je ressens au fond de moi une émotion désagréable qui amenuise ce potentiel. D'un côté, je m'épanouis, de l'autre, je m'étiole...

Prenons comme base de réflexion cette situation vécue lors de mon époque « footballistique », entre la fin de mon adolescence et le début de l'âge adulte. J'étais gardien de but, titulaire dans la catégorie junior et deuxième gardien de l'équipe première senior. Comme je m'entraînais régulièrement avec cette équipe, j'attendais impatiemment ma chance de pouvoir exprimer mes capacités au plus haut niveau. Quoi de plus normal quand le but visé est d'en faire son métier ? Voici qu'un vendredi soir, à la fin de la séance d'entraînement, le *coach* me dit de prendre mon sac de sport demain, pour le déplacement à l'extérieur, le joueur habituel étant handicapé par une blessure.

C'est la loi du sport, et, en rentrant à la maison sur mon vélo orange, je laissai éclater ma joie. Mon besoin de reconnaissance était tout à coup complètement assouvi, j'allais pouvoir enfin montrer ce que je pouvais faire au niveau supérieur.

Je vous laisse imaginer que j'ai passé là une très belle nuit, « énergisé » dans les moindres recoins de ma chair, comme jamais je n'avais pu le ressentir avant une compétition. Demain, c'était le grand jour !

Ce fameux lendemain, j'enfourche une fois encore le vélo orange, radieux, en direction du lieu de rendez-vous. J'arrive tout sourire avec mon sac de sport sur le dos; l'entraîneur me sourit aussi et m'entraîne dans un coin pour me dire : « Finalement tu ne joues pas ce soir. J'ai choisi de faire jouer le titulaire. Tu me comprends ? »

Eh bien non, au grand jamais, je ne pouvais vraiment pas le comprendre ! Une colère violente monta en moi soudainement. Mes tripes vibraient de l'injustice ressentie. Mon besoin de reconnaissance, mais aussi celui du respect de moi-même, étaient traînés dans la boue.

Cette énergie que j'éprouvais était moins forte que la veille, mais elle n'en était pas moins encore très vivante. La colère est la plus « énergétique » des émotions désagréables... Mais la colère n'est pas appréciée, car quand elle nous tenaille, nous n'aimons pas. Nous avons appris à la refouler, surtout en société. Avec les autres, on m'avait inculqué de me taire, à mettre mon poing dans ma poche afin d'éviter des conséquences fâcheuses.

Après rapide réflexion, ces mots fusèrent de ma bouche candide : « Oui, oui, je comprends ». Et je m'en allai, je repris le vélo orange (j'y tiens au vélo orange) et je pédalai avec difficulté, sans entrain, en direction de la maison.

Et là, les épaules tombantes, le menton rentré, le sac si lourd alors sur le dos, portant tout le poids du monde, je ressentis une énorme tristesse, la plus profonde de toutes. Toute l'énergie générée par l'enthousiasme, puis réprimée et contrainte au rythme de la colère, « se coagulait » en moi sous l'effet de cette tristesse.

Aussi, au cours des jours suivants, je commençai à être envahi par la peur, ce sentiment puissant qui me dominait chaque jour un peu plus.

Peur de ne pas être à la hauteur, peur de ne pas être accepté, peur de ne pas oser m'exprimer, peur de ne pas être aimé...

Et, lors des matches suivants avec mon équipe junior, au lieu d'oser courir des risques, d'y prendre plaisir, je restais souvent figé, inhibé, pensant. J'en parlerai plus tard mais le pire en compétition pour un sportif est de penser, car c'est le contraire d'agir. Si je me mets à penser : « Dois-je aller à droite ou à gauche ? », c'est déjà trop tard, car tout va très vite...

En ressentant la peur, je glaçais mon énergie vitale, et je tombais un cran plus bas, au sein des sentiments de déprime. À ce moment-là encore, je disposais de moins d'énergie disponible pour agir.

Prenez bien conscience de ce « prisme énergétique » qui colore la palette des émotions : l'enthousiasme, la colère, la tristesse, la peur, la déprime. Et, surtout, enracinez en vous les bienfaits de cette nouvelle certitude : les émotions ne nous veulent pas de mal, au contraire, elles sont les guides qui nous donnent en permanence des renseignements privilégiés sur le respect de nos besoins vitaux essentiels.

Souvenez-vous de l'image du cœur géant, envahi par les piqûres des contraintes extérieures, et de la grande importance d'apprendre à se protéger en disant « Non ». Grâce à vos émotions, vous disposez du plus merveilleux des baromètres qui vous informe perpétuellement de votre vraie situation.

Nous pouvons choisir de ne pas écouter nos émotions, mais, par ce comportement erroné, nous nous enfonçons encore plus loin dans l'illusion, dans la souffrance.

« Vivre grand », c'est oser vivre ses émotions amies. Et ce n'est pas de l'égoïsme, c'est seulement prendre soin de son capital d'énergie.

Si je n'ai rien à donner, alors je me berce de l'illusion que je donne. Mais, au contraire, j'intensifie mon déséquilibre intérieur, augmentant ce malaise, ce mal-être. Vivons l'écoute de nos émotions, vivons notre *intelligence émotionnelle* !

Nous avons assisté à la « grande descente », nous verrons ultérieurement comment gérer nos émotions afin de vivre la

« remontée ». Mais pour le moment, j'aimerais attirer votre attention sur la peur.

Nous vivons dans une société qui a fait de la peur le symbole de notre époque. Comme nous l'avons vu, elle est présente partout, renforçant son emprise machiavélique. Avec la peur, nous préconisons cet état de division, de lutte, de combat, de résistance. Plus un individu a peur, plus une équipe a peur, plus une ville a peur et plus nous bloquons cette énergie vitale. Le peu d'énergie disponible est alors utilisée dans l'attaque, l'agressivité, la destruction, accroissant le malaise de départ.

La peur, c'est un potentiel d'énergie faiblement mobilisable. Elle dictera donc, par exemple, le déclin d'une entreprise, ne possédant plus qu'une infime part de potentialité de prise de risques, d'action, de création. Et souvent, la part restante, se brûle en alimentant des conflits intérieurs, des jalousies, des cancans...

Grâce à mon expérience de conseiller dans les entreprises ou dans le domaine sportif, je suis persuadé que la clef du problème réside dans le manque de respect de cette *intelligence émotionnelle*, détruisant ainsi les ressources, l'être humain, en privilégiant la peur.

J'ai vécu ceci personnellement, que ce soit en tant qu'employé ou athlète. Si la personne responsable, le patron ou l'entraîneur, est incapable de vivre sa peur, de l'accepter, de la transmuter, et continue, au contraire, à jouer au « héros extérieur », c'est nécessairement catastrophique pour les résultats de l'entreprise ou de l'équipe...

Au-delà des mots, des comportements, le cœur parle sans artifice et transmet violemment aux autres son insécurité, ses souffrances. Et à ce moment-là, il est utopique de vouloir gagner. Le grand dérapage a commencé, le cycle du déclin s'engage et ronge de l'intérieur ce qui fut la force de vie de l'équipe, de l'entreprise.

Le but de tout leader est simplement de se consacrer à diminuer les courants négatifs, afin de renforcer les courants constructeurs, fondements naturels de tout succès. Rien ne sert d'aller chercher plus loin, la réponse est là ! Et pour être un leader efficace, nous avons vu l'importance de gérer d'une façon optimale son énergie émotionnelle, c'est-à-dire d'éliminer ces blocages pour optimiser la fluidité, donc la disponibilité de l'énergie.

Dois-je m'enthousiasmer, ou vivre cet état de peur et y résister ? Plus je résiste à ma peur, plus je la renforce au fond de moi. C'est l'exemple du mur que l'on tente de pousser.

J'apprécie beaucoup cette métaphore de Guy Finley :

Imaginez un torrent alimentant un verger, au sein duquel tout s'épanouit harmonieusement, grâce à la disponibilité et à la générosité de l'eau. Mais voici qu'un éboulement se produit, bloquant une grande partie du cours d'eau. Quatre-vingt pour cent de l'énergie présente lutte contre les rochers et finit par prendre une autre direction. Seul le vingt pour cent restant continue d'alimenter le verger. Sa croissance diminue inéluctablement de quatre-vingt pour cent !

Eh bien, dans un état de peur refusée, nous allons sans cesse lutter contre ce mur de rochers, jour après jour, nous fatiguant, ne laissant plus qu'une faible part de notre énergie disponible pour créer. Il est clair que la quantité totale d'énergie en jeu n'a pas changé, mais, après l'éboulement (la peur), il n'y en a plus qu'une infime proportion d'active.

De plus, souvent, dans l'entreprise, nous utilisons celle-ci à faire face aux choses pressantes, au détriment des choses importantes. Donnant toujours plus de priorité à ces urgences, nous en augmentons la prédominance, et nous disposons d'encore moins de temps pour l'important, qui, dans le cas présent, était de reconnaître qu'un éboulement s'était produit.

Nous vivons cette situation très difficilement, car nous avons sans cesse l'illusion de travailler dur, mais, malheureusement, nous « poussons notre mur » comme Sisyphe condamné à rouler éternellement son rocher, et nous nous y épuisons...

Voici une autre image, très parlante, que nous devons à Deepak Chopra :

> *Tentons (pourquoi pas ?) de jeter l'Empire State Building dans l'océan Atlantique déchaîné. Nous brûlerons une énergie impressionnante à nous livrer à cette tentative. Pour constater, après des semaines d'efforts, quand nous parvenons enfin à le projeter dans les vagues immenses, que l'impact en est insignifiant. C'est cela, la « voie de la peur », du stress subi.*
>
> *Mieux vaut se rendre au bord d'un lac de montagne paisible, sans aucun mouvement... et prendre le temps de lancer un petit caillou dans ces eaux calmes... vous créerez alors un impact fort, où vous le voulez, quand vous le voulez. C'est cela, la voie de l'enthousiasme, de l'intelligence émotionnelle.*

La question éternelle, c'est de bien choisir son camp. Continuer de jouer à « faire croire que », et payer le prix élevé de cet égarement ; ou oser s'aventurer sur le seuil de la franchise, du respect de soi-même, de l'écoute de la souffrance de son cœur, et se revivifier d'énergie.

C'est en nous représentant nos émotions comme des amies intentionnées, soucieuses de nous prévenir de notre ignorance, que nous changerons tous. Entraînons-nous donc avant tout à les écouter et à apprendre à découvrir l'état émotionnel concerné. Lorsque nous aurons reconnu l'émotion, la seule chose « vraie » à effectuer sera de l'accepter, d'arrêter de « pousser le mur », de « combattre envers et contre tout », de cesser de se mentir

Il nous restera, ce sera la troisième étape, à nous enraciner au fond de ce sentiment, donc de cette énergie, pour « repartir ». Nous nous fabriquerons un tremplin avec cette énergie bloquée, pour mieux rebondir au sein de l'« ici-maintenant ».

Pénétrons dans les vestiaires d'un stade d'athlétisme, une heure avant la compétition. L'athlète vit un état de peur intense. Peur de rater sa course, peur d'avoir tant travaillé pour rien jusqu'à cette finale tant attendue, peur de décevoir, peur de se décevoir...

Premier cas de figure : son *coach* lui serine continuellement des pensées positives, et lui préconise de s'autosuggérer qu'il n'a pas peur, qu'il est le plus fort. La tête de l'athlète met en pratique, mais le corps refuse. En fait, avec cette attitude, il renforce l'état de peur en lui, en le combattant, le refusant.

Vous, comme lui, comme moi, nous avons déjà ressenti la peur, et c'est avant tout physique. Mon corps a mal, se rigidifie, se contracte, la région du plexus se ferme, l'estomac se noue, ces symptômes de la peur, nous les connaissons tous.

La majeure partie de notre énergie alimente cet état en figeant notre vitalité. Il en reste fort peu de disponible pour penser, par exemple...

C'est comme si nous décidions de profiter d'un festin. Nous mangeons pendant quatre heures, puis, par souci de bonne conscience, nous décidons d'aller faire du jogging au bord d'un lac. Après quatre cents mètres, la mésaventure suivante nous surprend : agenouillé, nous vomissons contre les arbres environnants.

Pourquoi ? Parce que la majeure partie de l'énergie disponible se trouve dans notre digestion, et que nous voulons l'amener dans les muscles pour créer le mouvement. Le conflit s'engage. La crise éclate, nous minant depuis l'intérieur...

Revenons-en à notre athlète, que nous allons guider différemment, et qui, cette fois, va établir qu'il éprouve un sentiment de peur dans le *moment présent*.

Il convient d'abord de ne porter aucun jugement, du genre « ce n'est pas bien », ou autrement... Puis, il acceptera cette émotion tenaillante « au fond de ses tripes ». Il arrête le « combat contre le mur », contre lui-même, et une grande part de l'énergie se remet à circuler en lui. Il s'ancre alors au sein de cet univers qui résonne en lui.

Posez votre livre et faites le test. Debout, face à un mur, poussez-le pendant une bonne minute de plus en plus fort. Puis, lâchez, arrêtez l'opposition, appréciez comme cela devient beaucoup plus agréable, comme vous possédez plus d'énergie dans l'« ici-maintenant », et comme vous vous ouvrez à pouvoir faire autre chose, à reprendre votre livre, par exemple...

Vous avez le choix : pousser le mur encore et encore et, en même temps, prendre le livre, le tenir, le lire, le comprendre, l'assimiler....

Ou alors, abandonnez le mur et appréciez seulement votre lecture.

Retour au stade. Du peu de son énergie disponible, disons que notre athlète en a récupéré la moitié. À ce moment-là, il mettra en pratique une technique respiratoire, « ici-maintenant », pour dénouer le blocage physique ressenti au fond de lui. Son potentiel d'énergie fluide à sa disposition est maintenant proche de l'optimum.

Dans ces conditions, il peut alors l'amplifier, avec des techniques de pensée positive. Puis, il entrera dans le stade, entièrement *présent à lui-même*, pour courir le plus vite possible, car c'est ce que lui demande l'« ici-maintenant ».

À cet instant précis, il serait préjudiciable à sa performance qu'il recherche le pourquoi de sa peur, le besoin qu'il n'a pas respecté.

Par contre, dès que la compétition sera terminée, il deviendra très important de trouver la solution de cette énigme, pour aller encore plus loin avec lui-même. Même s'il a gagné la course, l'essentiel pour lui sera, une fois les applaudissements terminés, de remporter un autre défi par rapport à lui-même, en ayant l'honnêteté de résoudre ce dilemme.

C'est cela un athlète qui maîtrise son *intelligence émotionnelle*. C'est cela un athlète de la Vie. Il accroît la Vie en lui-même, c'est-à-dire l'énergie, en vivant ses émotions amies.

Inspirons-nous de cet exemple afin de mieux vivre nos différents états émotionnels, de les découvrir, de les accepter, de les transmuter. La maîtrise du ressenti respiratoire sera une clef primordiale pour nous aider à désamorcer l'emprise physique d'une perturbation émotionnelle. Nous nous y consacrerons un peu plus tard.

Mettons en pratique cette nouvelle relation avec nos émotions. Rien ne sert de vouloir agir si nous nous refusons le droit de les vivre ! Ce serait annihiler notre « ici-maintenant », puisque nous ne serions capable alors que d'actions imprécises et hasardeuses, porteuses de conflits et d'échecs.

En vérité, et c'est pour moi une évidence toujours plus grande, la première chose à maîtriser, en tout domaine, c'est *vivre le mouvement d'abandon;* ainsi devenons-nous apte à transcender notre déséquilibre.

Car même si nous connaissons parfaitement une technique, sans cette maîtrise essentielle pour vivre, nous nous exposons à tout moment, au trou de mémoire, au blocage, à « devenir une statue de pierre ».

Remémorons-nous un exemple peu réjouissant, mais que nous avons tous vécu : nous nous présentons à un examen, connaissant notre sujet sur le bout des doigts ; malheureusement, une fois dans la salle d'interrogation, nous avons tout « oublié ». À peine ressortons-nous de la salle que toutes les réponses nous reviennent à l'esprit...

N'est-il pas aberrant de consacrer autant d'heures à l'acquisition de sujets multiples, lourds, complexes, et ce, pendant des années, sans nous préparer au fait que, au jour J, la peur peut nous faire tout rater ? Prenons le temps d'accorder quelques heures pour le moins précieuses, à démystifier le problème, et à nous offrir ensuite des outils simples et si élémentaires pour le résoudre.

Aussitôt que je me laisse déstabiliser par un événement extérieur, je crée en moi-même une agitation intérieure. Dès lors, en concentrant mon attention sur cet état de mal-être, je ne peux, malheureusement, que l'amplifier. Cette manière erronée d'interpréter une situation désagréable, va me conduire à m'y soumettre, à l'ignorer, ou à la refuser, donc à la combattre. Dans ces trois cas choisis pour illustrer mon propos, je suis victime du *stress subi*. La seule pratique saine à mettre en œuvre est par conséquent de prendre conscience de ma perturbation interne, puis de choisir *l'audace* de vivre *le mouvement d'abandon*. Ancré dans mes fondations intérieures, je vais *m'adapter*, puis me rendre apte à utiliser cette situation, désavantageuse à l'origine, de façon constructive.

> « Vivre la remontée », c'est s'autoriser chaque jour à pratiquer *l'art martial émotionnel*. Donc, de ne pas résister afin d'utiliser ensuite l'énergie pour « renaître à soi-même ». Pour cela, il convient de se donner la permission d'aborder une situation autrement qu'à l'habitude. Cette habitude qui représente notre « capital de croyances ».

Faisons de notre mental un allié en ne *jugeant* pas ces croyances, mais en envisageant, « pour une fois », une manière différente de nous comporter. Et, par ricochet, de plonger dans l'« ici-maintenant » pour reconstruire notre façon d'agir.

Déprimé, disposant de peu d'énergie pour entreprendre, arrêtons de lutter contre cet état, préservons notre modeste capital ! Acceptons cette déprime, osons nous enraciner en elle, vivons-la dans notre corps, pour atteindre de nouveau l'état émotionnel précédent, la peur. Grâce au même processus, nous basculerons ainsi de la peur à la tristesse, de la tristesse à la colère, et enfin de la colère à l'enthousiasme !

J'aimerais revenir sur la colère. Lors de mon expérience avec cet entraîneur, j'ai ravalé ma colère, je l'ai refoulée profondément. En apparence, pas de problème, mais au sein de mon corps, bonjour les dégâts !

Plus tard, j'ai revécu cette aventure ailleurs, étant le titulaire cette fois, évincé pour des raisons qui me semblaient injustifiées. J'ai recommencé alors le même scénario, sans exprimer clairement avec des mots ma frustration, mais, révolté, je m'ancrai dans cette colère pour m'entraîner plus fort, pour prouver, au cours des matches suivants en série inférieure, que l'entraîneur avait tort.

Quelques matches plus tard, je réintégrais avec brio l'équipe, mon corps avait moins souffert grâce à l'action. Mais, n'ayant pas exprimé par des mots mon état de mal-être, un lien négatif, invisible mais solide, persistait, minant à long terme mes relations, donc, par conséquent, la performance.

La Vie est obstinée, nous ne pouvons échapper au Vrai en nous-même : je me suis retrouvé encore une fois dans une situation identique. Tout allait pour le mieux pour moi, j'étais titulaire, performant, heureux... Pourtant, à la fin d'une séance d'entraînement, le *coach* (un autre) m'annonce discrètement, sans me donner aucune raison, que je ne jouerais pas le prochain week-end. C'était vraiment me « faire un enfant dans le dos », me faire un mauvais coup à mon insu.

Et là, j'explosai, je vécus ma colère, je l'exprimai par mes mots en lui annonçant qu'il ne me reverrait plus. En fait, c'est à ce moment précis que j'ai arrêté ma jeune carrière.

Ce ne fut pas mauvais pour mon corps, mais très mauvais pour l'aspect relationnel. C'était une nouvelle leçon, j'étais sur le chemin, j'apprenais mais il y a une autre façon d'exprimer franchement son mécontentement.

Les « mots contre », ce sont les mots de la tête, qui jugent l'autre, le condamnent, l'accablent.

Les « mots pour », ce sont les mots du cœur, ceux qui expriment simplement ce que nous ressentons au plus profond de nous dans l'« ici-maintenant », sans accabler l'autre d'une quelconque faute. Ce n'est pas là l'important. Ce qui l'est, par contre, c'est de respecter ce besoin vital d'exister, de laisser parler notre cœur pour ne pas édifier une nouvelle muraille au fond de nous-même, bloquant l'écoulement de l'énergie.

Sachons dire « Non », lorsque la frontière est dépassée ; nous ne pouvons le tolérer, si nous voulons continuer d'entretenir une saine relation d'échanges, pour le bien des deux parties et la créativité de cette coopération.

En résumé, soit nous ne disons rien, nous figeons les ressentiments à l'intérieur, nous appauvrissant en ressources de Vie, soit nous explosons, jugeant l'autre comme le nœud du problème, le bourreau de notre souffrance, et nous polluons notre relation en laissant l'extérieur guider notre existence.

La solution la plus noble est celle de l'expression de notre *intelligence émotionnelle*. Les mots du cœur seront les plus beaux.

Chaque fois que je vis le parler du « cœur à cœur » dans mes communications avec autrui, cela permet toujours de désamorcer les conflits.

D'autre part, chaque fois que je ne me contrôle pas et que j'interviens à tort ou à raison lors d'un échange « tête à tête », la tension monte, le problème persiste, s'accentue, et devient même plus fort qu'il ne l'était.

Évoluer, c'est être avant tout gentil avec soi-même, et s'autoriser à déraper, comme lorsque nous apprenons à conduire. À nos premières tentatives, nous avons tellement de choses à faire en même temps que nous nous trompons souvent, avançant par à-coups. Il nous semble que jamais nous n'y arriverons.

Puis, progressivement, avec le temps et la pratique, tout devient plus fluide, plus serein, si nous continuons d'entretenir le même but : apprendre, s'ouvrir, évoluer.

À la différence de la conduite, c'est que notre cœur connaît, il a toujours su, il suffit de lui offrir un chemin et il s'exprimera avec les mots les plus justes, sans aucune illusion, sans aucune attente.

Simplement partager. L'énergie se trouve toujours là où notre attention se dirige. Si nous la focalisons sur le problème, nous l'amplifions. Si, au contraire, nous fixons notre attention sur les racines de notre cœur, nous nous libérons de cette prison du passé qui nous enserrait dans ses griffes amères.

Dès notre plus jeune âge, nous avons été conditionnés à refouler nos émotions en les traitant de tous les noms. Et c'est encore pire si on est un petit garçon. Alors là, il est définitivement interdit de pleurer, d'avoir peur. Un homme, cela ne pleure surtout pas, un homme n'a jamais peur !

La joie, les cris d'exubérance sont également très mal perçus en société. Nous allons donc choisir de nous retenir pour continuer à être aimé, pour ne pas souffrir de l'abandon.

Nous apprenons à un jeune enfant à faire ses besoins naturels aux toilettes. En revanche, nous allons lui proscrire radicalement de faire ses « besoins émotionnels ». Cela va nous entraîner à devenir, à l'âge adulte, de véritables constipés émotionnels, refusant, rejetant, et tentant même d'oublier toute trace d'émotion.

Pas de pleurs, pas de rires, pas de cris, peu de touchers, peu de chants, peu de danses, car tout cela est soi-disant mauvais.

Exprimez vos émotions naturellement et vous serez immanquablement qualifié d'immature. Ce surplus de non-expression va sans cesse diminuer notre capital vital d'énergie, tout en nous éloignant encore plus du respect de nos besoins primordiaux d'être humain.

Je tiens à reparler du fameux éboulement empêchant tout à coup la croissance de notre verger. Tout ceci ne s'est pas produit en une seule fois.

Constamment, au cours de notre existence, nous allons être confronté à certaines situations, qui, si elles sont abordées faussement, vont bâtir ces fameux blocages.

Visualisez les trois événements suivants, vécus successivement le même jour :

– vous recevez par erreur une facture concernant vos impôts, le triple du montant attendu ;

– votre directeur vous a convoqué à neuf heures précises à son bureau pour un entretien personnel ;

– vous avez le projet de partir skier avec des amis pour les vacances de Noël.

Tant que nous n'aurez pas définitivement résolu l'erreur de facturation, votre énergie va jouer à l'ascenseur.

Chaque fois que votre attention revient sur le problème, vous résistez, donc vous créez un blocage : votre énergie se fige, descend.

Par contre, dès que votre esprit se porte sur d'autres tâches, plus agréables, elle redevient fluide et remonte.

Vous voici dans l'attente en perspective de votre entretien : vous patientez, vous êtes en avance de dix minutes, vous posant mille et une questions sur le pourquoi de ce rendez-vous subit. Le temps passe, le scénario se dramatise et, de plus, quand vous arrivez à vous en échapper, c'est la facture d'impôts qui vous envahit à nouveau.

Votre énergie joue au yoyo, blocages puis relâchements alternent, lorsque vous songez à vos prochaines vacances.

Quand le soir arrive enfin, soulagé d'avoir réglé le problème des impôts, rassuré car le fameux rendez-vous était positif, vous courez et, à quelques pas de regagner votre voiture, vous vous tordez la cheville !

Alors, brutalement, votre mental s'emballe, tout devient noir, vos vacances en montagne sont fichues....

Puis viennent les rendez-vous chez le physiothérapeute et, comme chaque fois, il vous rassure un peu plus, l'énergie redevient fluide.

Ces exemples mettent en évidence les blocages aigus et qui nous empoisonnent la vie au quotidien. Leur seul bon côté, c'est que nous connaissons l'origine du problème. Il suffit alors d'avoir assez de recul pour le régler.

Il existe d'autres blocages, dont l'origine se trouve dans toutes ces expériences vécues depuis notre tendre enfance, non résolues, non affrontées, qui anéantissent petit à petit, d'une manière invisible, notre énergie vitale.

Toutes ces souffrances sont tombées dans l'inconscient, afin de nous éviter de souffrir trop violemment.

L'être humain est bien fait, il se préserve au mieux, mais il reste que nous transportons avec nous les lourdes valises de notre passé.

Ces blocages chroniques, dont nous ne connaissons même plus la cause, ressurgissent soudain dans notre vie, nous ne savons comment, et nous apportent ces sentiments de mal-être dont l'origine semble inconnue.

Notre état d'être humain ne peut échapper à cela. Par contre, une nouvelle responsabilité s'offre à nous.

D'une part, nous devrons diminuer en quantité énorme la dépense d'énergie inutile accordée aux blocages aigus. D'autre part, en prenant soin de notre présent, nous avons la charge d'affronter dans l'« ici-maintenant » des conflits passés, oubliés, mais dont l'essence revient à l'infini sous d'autres formes, tant que nous ne nous sommes pas affranchi de leur emprise et que nous n' avons pas retiré la quintessence de leurs leçons.

En vivant notre présent d'une manière différente et respectueuse, nous nous libérons de notre passé.

Rien ne sera impossible pour celui qui s'ouvrira à l'écoute de son cœur aimant.

L'intelligence émotionnelle, c'est de savoir privilégier naturellement la pratique de *l'être,* avant de *faire,* et donc de réussir à devenir une personne meilleure.

« L'intelligence égocentrique », c'est se persuader qu'il faut *avoir,* pour oser *faire,* et être ensuite récompensé par le bonheur.

Choisir l'Éternel Présent.

Mes pensées s'élèvent, m'emmenant délicatement au beau milieu de ma promenade du début de l'après-midi. La lumière d'aujourd'hui est différente, douce, chaleureuse, voire même prévenante, et elle m'accueille.

Toute la nature environnante resplendit du miracle de la Vie. Je me sens enveloppé de bonté, de réconfort. Je suis bien, simplement bien.

C'est comme si tout acceptait avec complaisance le fait d'une nouvelle virginité, le fait de *l'être* qui sans cesse renaît dans l'instant pour mieux nous guérir de notre lourdeur passée.

Le respect des principes de la Vie tournoie en gracieuses arabesques le long de mes pas. Clin d'œil du calendrier, c'est le jour de la fête de l'Immaculée Conception.

Merci la Vie, de toute cette simple générosité ! Que ces mots vibrent de cette essence si précieuse !

Je me réjouis d'écrire, de vous offrir une mosaïque de différentes couleurs, et peut-être que l'une d'entre elles résonnera au cœur de votre être. Et, du plus profond de vous, s'éveillera un sourire, un espoir. Tout pourra alors recommencer encore une fois, autre part, pour quelqu'un d'autre. Et ceci à n'en plus finir. Tel est le privilège de vivre.

Donner c'est recevoir. C'est la course sereine de la Vie. Personne n'a rien inventé, simplement, chacun à sa manière redécouvre et transmet son émerveillement candide.

J'ai tant reçu de mes parents, de ma famille, de mes amis, de mes professeurs, de mes entraîneurs, des écrivains, de mes patrons, de la nature, des couchers de soleil, de la pleine lune, des intuitions, du soleil, des rires, des pleurs, des vents, des doutes, des sapins de Noël...

Tout cela vibre fort en moi, m'offre d'avoir la foi en la Vie amie, me pousse avec délicatesse et humilité à poursuivre avec plaisir l'écriture de ce livre, à faire mon pas de géant, à « Vivre grand » et à développer ma confiance jusqu'à l'audace, à m'accepter, à m'aimer, à être humain et d'en être fier.

Autorisons-nous à vivre enfin ce besoin privilégié d'être beaucoup plus avenant avec nous-même. Combien de fois nous surprenons-nous à éprouver ce sentiment de culpabilité qui nous ronge à l'intérieur, telle une morsure empoisonnée ? Cette acidité de nos pensées se déverse trop souvent en larmes amères de souffrance et assombrit d'un voile notre quotidien.

Dès que nous tournons notre attention vers la culpabilité, nous fuyons l'état bienheureux, jovial, que la Vie daigne nous léguer. Prisonnier de notre manière dépassée d'aborder le monde, mais avant tout nous-même, nous tentons sans réel succès de désamorcer cette emprise si pesante.

Mais qu'est-ce qu'être coupable, au fond ? Si nous nous reportons à l'exemple de la justice, nous déclarerons quelqu'un coupable d'un délit, dès l'instant où nous pourrons prouver qu'il a agi intentionnellement en voulant nuire par ses actes à autrui. Et nous sanctionnerons alors le fautif par une punition en rapport avec la gravité de ses agissements passés.

Si j'ai voulu de mon plein gré porter préjudice à quelqu'un pour mon plaisir ou mon intérêt personnel, je suis donc par conséquent coupable.

Soyons honnête avec nous-même, combien de fois avons-nous désiré réellement faire du mal à quelqu'un ? Rarement. Par contre, combien de fois nous retrouvons-nous à nous sentir coupable du malheur des autres, de tels propos que nous avons tenus, de problèmes éprouvés par certains, d'avoir semé la zizanie à tel moment, et encore, et encore ?...

Combien de fois les relations avec autrui se résument-elles à une partie d'escrime intense où le but du jeu est de prouver la faute de l'autre, de le culpabiliser dans les moindres faits, les moindres gestes, les moindres paroles, et surtout dans les non-dits ?

Combien d'échanges de couple, de famille, de collègues, d'amis, de coéquipiers, s'enveniment perpétuellement de cette sorte de conflits pernicieux ? Un trop grand nombre malheureusement...

Et pourquoi ? Nous avons pu le constater tout au long de ce récit, cette immense insécurité ressentie mine notre filon de confiance en nous, en la Vie, donc en autrui et nous place dans cet état d'agressivité, d'attaques manipulatrices inconscientes, successives, « en dehors », comme pour prouver le bien-fondé de notre raisonnement.

Ce comportement erroné vise un seul objectif : faire croire aux autres et à nous-même à notre « pouvoir », à notre « force ». Derrière tout cela se cache un appel d'amour, un cri au secours qui s'élève de notre cœur ensanglanté par tous ces refoulements.

En nous comportant ainsi, nous faisons naître ce combat constant pour voler l'énergie d'un autre être humain. Nous trouvant en état de manque, nous dépendons du fait de gagner chaque fois nos échanges avec les autres pour pouvoir ainsi nous remplir d'énergie.

Chaque fois que quelqu'un nous donne raison, nous ressentons un regain d'énergie, donc de confiance. Par contre, chaque fois que quelqu'un nous démontre que nous avons tort, nous nous sentons vidé, petit, inquiet et apeuré.

Incarcéré dans ce genre de problème relationnel, nous nous persuadons qu'il n'y a aucun autre moyen de vivre, de s'alimenter, de se sauver. Et nous adoptons au fil du temps un comportement précis : tour à tour de dominateur, de dominé, d'être fuyant et interrogatif. Celui-ci nous permettra de survivre, de nous sentir quelquefois rempli d'énergie, en vie...

Au lieu de jouir de ce terrain fertile que représente une saine communication, de nous en enrichir et d'offrir la possibilité à l'autre de s'enrichir également, nous transformons malheureusement cet espace privilégié en champ de bataille. Là où nous pourrions retrouver l'union, la fusion, l'harmonie, la plénitude, nous choisissons la division, la fragmentation, la cacophonie, l'isolement.

Et quelle est la personne qui nous juge le plus, qui est la plus difficile avec nous, qui nous condamne sans cesse pour les pires fautes, les pires agissements, les pires pensées ? Malheureusement, cet horrible individu, c'est nous-même.

Nous seul, nous consacrons une grande partie de notre temps à nous culpabiliser de tel ou tel agissement, à chercher à prouver que nous possédons tellement de lacunes, tellement de défauts. Et le plus grave dans tout cela, c'est qu'en entretenant ce type de rapports avec nous-même, nous en arrivons à créer des événements pour recevoir une punition adéquate.

À ce moment-là, combien de fois nous sommes-nous surpris à dire : « Ah, bien voilà, c'est bien fait. Cela, j'en étais sûr » ?

Prenons bien garde aux pensées que nous choisissons d'entretenir. Nous avons pu apprécier ce gigantesque pouvoir de créer en notre possession.

Éveillons-nous au fait que, trop souvent, nous le faisons travailler contre nous-même, avec la seule satisfaction tortueuse de notre ego, de nos croyances erronées, qui peuvent se dire, avec une énorme fierté malsaine : « Je savais que tout finirait comme cela » !

Le cercle vicieux est alors renforcé. Une fois de plus, nous détenons un fait, une expérience qui nous prouve la véracité de penser de cette manière. Et nous croyons sincèrement que changer serait une utopie, que ce n'est déjà pas si mal de vivre comme ça.

Malheureusement, nous choisissons alors la voie de la peur, du mécontentement, de la médiocrité. Nous devenons un « faire humain », une machine à penser, rétrécissant jour après jour notre espace de vie, d'expériences, le laissant se faner pour mieux nous rassurer d'avoir raison.

Nous enclenchons alors la mission de préserver coûte que coûte nos acquis. Apeuré, nous attaquons pour renforcer nos certitudes d'une vie dangereuse, dénuée de morale et de justice.

Nous faisons tomber nous-même la sentence : coupable de vivre, donc de souffrir.

Mais l'intelligence infinie de la Vie est pure cohérence. Avec cet état d'esprit, avec ce genre de croyances, nous prouvons par nos choix, semaine après semaine, la véracité de notre attitude. Nous renforçons alors notre comportement erroné, tellement persuadé de sa justesse, étayée par nos expériences quotidiennes.

Arrêtez votre lecture quelques instants, fermez les yeux, plongez dans votre cœur et laissez-vous ce temps précieux de méditer sur votre vie, en sa riche compagnie.

Ne jugez surtout pas, prenez du recul, observez-vous depuis cette hauteur. Vous êtes en train de vivre *l'instant magique*; votre cœur seul connaît le vrai chemin, celui de l'univers où tout peut devenir possible.

En plaçant notre confiance au centre de notre cœur, nous nous ancrons dans le point d'appui de la Vie, où l'essence de toute chose se conçoit.

Ce pas de géant en direction du cœur, cette façon de « Vivre grand », c'est l'éternel retour au sein du rythme parfait de la Vie. À cet instant, nous devenons un être humain, agrandissant jour après jour notre espace de vie, d'expériences, le laissant s'épanouir pour mieux resplendir de tout notre être.

Heureux, nous choisissons alors la voie de la confiance, du contentement, de l'audace. Nous nous ouvrons à un niveau de conscience plus large.

Rien ne se veut bon ou mauvais, beau ou laid, c'est notre manière d'utiliser ce rien qui va créer des expériences à vivre, que nous ressentirons comme agréables ou désagréables.

À nouveau, tout n'est qu'une seule et unique chose : la Vie. Que ce soit l' éclat de rire d'un gosse, les crépitements d'un feu de cheminée, la douceur d'une nuit d'été, deux regards qui se croisent soudain, l'eau de pluie qui rafraîchit nos cheveux, le son des cloches d'une église de campagne, les couleurs chaudes de la terre de Toscane, deux mains qui s'enlacent avec hésitation, le cri d'un hibou dans la nuit, les chuchotements de ton amour dans le vent, tout chante, tout danse le mystère de la Vie. Seul notre cœur connaît. Lui offrir une fidélité sans réserve, tel sera le chemin concret de l'athlète qui pratique sa vie.

Je citerai une fois encore cette phrase, si pleine de bon sens. L'énergie se trouve toujours là où je place mon attention. Nous prendrons alors conscience de la quantité d'énergie que nous dilapidons chaque jour en alimentant des conflits irrésolus, souvent même avec des personnes que nous ne voyons même plus.

Ces sentiments de non-amour envers autrui, voire même de haine, nous détruisent lentement, mais sûrement.

Souvent, nous disons : « Ne me parlez surtout pas de cette personne » ! Le ton monte, le corps se crispe, les pensées s'emballent, les yeux jettent de la colère, alors que, quelques instants auparavant, nous étions complètement paisible. À la seule prononciation du nom de la personne, tout s'ébranle en douleurs et confusion. Notre axe vital est transféré entièrement à l'extérieur, et de plus chez quelqu'un envers qui nous avons de nombreux griefs.

Nous pourrions caricaturer ce phénomène en disant que nous cédons en une seconde le commandement de nos troupes à notre ennemi le plus redouté. Pensez bien à cela : un seul mot, son nom, et nous perdons pied, nous perdons la maîtrise de notre vie.

Quelles que soient les raisons évoquées pour justifier notre état, si nous persistons à éprouver et à adopter ce comportement erroné, nous fixons alors une racine encore plus drue, plus étouffante, qui nous emprisonne à tout jamais à lui.

Une racine doit être nourrie, et c'est notre propre sang qui en représente la sève. Nous appauvrissons donc notre précieux potentiel d'énergie vitale.

Plus nous avançons dans le temps avec cet égarement, plus nous rencontrons ce genre de relations. Donc, nous sommes toujours amené davantage à nous détruire de façon énergétique.

Tout ce bal d'émotions désarme la quiétude de notre quotidien, sans pour autant résoudre le problème. Tant que nous chercherons à nouveau à avoir raison et que nous penserons qu'il est inadmissible d'avoir pu se comporter de telle manière, tout restera bloqué : la situation, la relation et notre énergie vitale.

Il nous faudra en arriver à nous poser la question essentielle : est-il plus important pour moi de conserver la conviction que j'ai raison, ou de rechercher le respect de la paix de mon esprit, donc d'adopter la loi de l'Amour ?

Le pardon seul peut nous permettre « ici et maintenant » de nous guérir de toutes ces blessures acides du passé qui suintent de notre être, au détriment de la chance de vivre sereinement ces nouveaux jours qui nous sont gracieusement offerts.

Ressasser les peines, les souffrances, c'est s'interdire notre droit au bonheur, à l'expression de notre être, de la joie. Cette résistance obstinée à un quelconque événement que nous ne pouvons en aucun cas changer à l'origine, devient un théâtre de remords, hurlant le besoin de vengeance.

Cette aigre rancune se transforme en tourments de notre vie présente. Harnaché de ces œillères rigides, nous nous condamnons alors à répéter à n'en plus finir les mêmes scénarios pénibles.

Pour vivre le retour au pays du réconfort, nous ne pouvons qu'emprunter le chemin du cœur aimant qui pardonne. En optant pour le pardon, nous nous autorisons à nouveau à aimer.

Dès ce moment, l'énergie bloquée qui faisait naître la douleur, circule avec fluidité encore une fois, pansant, cicatrisant d'amour la peine d'avant, l'ancienne plaie.

Il nous faut posséder un grand courage, un grand respect de notre être, de la confiance en la Vie, une âme de compassion et de générosité, mais, surtout, une grande intelligence, cette fameuse *intelligence émotionnelle*, pour oser le pardon. Pardonner, c'est nous autoriser à être nous-même, à accepter nos imperfections, pour mieux comprendre celles des autres, et, à ce moment précis, l'excellence de vivre nous est offerte. Nous devenons grand, dès l'instant où nous prenons conscience d'une certaine faiblesse qui nous empêche de pouvoir tout contrôler.

Pardonner, c'est savoir prendre le recul nécessaire avec les événements pour enclencher cette dynamique de vitalité retrouvée.

Pardonner, c'est choisir d'assumer notre propre responsabilité, pour nous élever au-dessus du malaise, pour devenir proactif. Refuser le pardon, c'est nous abaisser à continuer de subir le pouvoir de l'extérieur.

Chaque fois que je me suis ancré dans le pardon pour corriger l'axe déformé d'une relation, j'ai eu la chance de me sentir envahi dans tout le corps d'une sensation si agréable de bien-être et, en même temps, de retrouver ce climat si souvent attendu de la paix de l'esprit.

Il existe plusieurs possibilités pour dénouer les liens du passé par le pardon. Il nous est loisible de rencontrer physiquement la personne concernée, et de mettre en pratique la gestion de l'émotion et de son expression. Le tout réalisé par le cœur vers le cœur qui représente l'essence même du pardon.

Libérons-nous, et libérons l'autre de cet emprisonnement préjudiciable à tous. Agissons par nous-même pour déverrouiller l'intensité du malaise ressenti. Laissons simplement le pardon œuvrer : rien ne lui est impossible et, là où notre mental se limite, se coince, notre cœur trouve le sentier, les bons mots.

J'insiste sur le fait que pardonner ne consiste pas à manipuler l'autre pour l'amener là où nous désirons. Lorsque nous pardonnons, c'est toute notre chair qui passe à l'action, sans aucune autre attente que de se libérer mutuellement de cette emprise néfaste. Notre responsabilité se résume à cela. Et la manière dont l'autre réagit à notre pardon n'est pas de notre champ d'action.

Il se peut que l'autre s'abandonne également aux fruits de son cœur, et cela arrive très, très souvent, comme par magie ; ou d'autres fois, seules ses raisons reviennent avec insistance et s'enracinent dans sa tête. Alors là, il ne faut surtout pas repartir pour un tour de justifications, nous avons fait l'important et nous ne pouvons pas gérer le comportement de l'autre par rapport à une situation donnée, il nous incombe alors de ne pas tomber dans la culpabilité, de lâcher prise, car nous nous sentirons très loin de tout ça à ce moment précis. N'oublions jamais que, si l'autre persiste et contre-attaque, c'est simplement que son cœur hurle qu'il a toujours peur.

En envoyant en réponse des sentiments d'amour, nous nous libérons de la peur et nous l'aidons à quitter ce jeu destructeur, car, pour jouer, il faut être deux. Dès l'instant où l'un arrête de lutter, la partie se termine pour les deux. L'autre recherchera alors peut-être ailleurs quelqu'un pour recommencer un nouveau bras de fer, mais ce n'est plus notre responsabilité.

Nous pouvons également nous défaire par écrit d'une situation erronée, si la personne habite loin de chez nous, ou si elle refuse toute rencontre : les mots venant du cœur seront préférés à ceux de la tête, bien entendu.

Mais l'une des manières les plus fortes pour pardonner, c'est de se servir de notre visualisation. De créer ce scénario du pardon, pour nous engager avec notre cœur à retrouver la pleine harmonie relationnelle.

Nous nous sentons peut-être lié avec lourdeur et peine à quelqu'un qui a quitté ce monde. Ne continuons pas à résister, notre cœur n'est pas prisonnier du temps, il est la source de toute chose, il est sans cesse relié à cette roue de l'univers. Il est la Vie dans son état pur. Seule notre tête peut résister à une possibilité supérieure.

Vivons au plus profond de notre être cette scène de la réconciliation bienheureuse de nos sentiments blessés. Nous en ressortirons grandi, allégé, purifié.

Le pardon est un don de soi lucide sans aucune autre prétention que l'Amour. C'est le principe de Vie à l'état brut, sans aucun artifice. Comme le vent, le pardon va porter les secrets de l'Amour, où il le désire, au-delà des frontières...

En pardonnant, nous redonnons semence à notre avenir, au sein de l'éternel présent, « ici-maintenant ». En pardonnant, nous désarmons la souffrance, nous offrant à nouveau la plus belle des poésies de la Vie, être libre.

La première personne à qui nous nous devons de pardonner avant tout, c'est à nous-même. Sans cela, l'exil de notre bonheur continuera. Apprendre à nous pardonner, voilà une pratique essentielle de notre équilibre.

Nous avons pu remarquer quelle quantité astronomique d'énergie était perdue dans ce combat contre soi-même. En fait, l'intensité est deux fois plus grande puisque nous poussons des deux côtés en même temps. Mais, chose agréable, le passage à l'acte sincère libère lui aussi le double d'énergie et de sentiments de paix.

Personnellement, je préconise **au moins** une fois par jour, de consacrer un espace de temps vierge pour se pardonner.

Par exemple, avant de vous endormir, laissez défiler votre journée et ses événements. Tirez-en une leçon, puis autorisez-vous les bienfaits du pardon. J'ajoute à cela le pardon à autrui, aux personnes avec qui j'ai vécu un malaise d'égarement.

Je trouve très intéressant également de posséder sur soi un carnet quelconque. À tout moment de la journée, je pourrai noter certaines expériences, certains sentiments ressentis, certaines croyances reconnues. Ensuite, dans le calme, sereinement, accepter de faire le point, de prendre ses responsabilités, d'améliorer sa pratique de l'être, en y tirant les enseignements privilégiés de situations passées, et de se pardonner.

Faisant cela, j'en apprécie les multiples bénéfices. J'apprends à améliorer, par exemple, la qualité d'un de mes séminaires, d'une de mes conférences, d'un de mes *coachings*, en profitant chaque fois de la différence que m'offre une nouvelle expérience. J'étends cela à d'autres domaines de ma vie privée, sociale et intérieure.

Plus je le mets en pratique, plus le pardon devient essentiel, plus je me sens plein d'énergie et libre, plus je m'engage entièrement, plus je deviens spontané, créatif, vivant et organisé.

Choisir le chemin du cœur, c'est s'offrir l'occasion de pouvoir bénéficier des atouts du mental pour optimiser la qualité de ses perceptions généreuses.

Percevoir, puis organiser, et non pas rigidifier d'organisation, pour chercher ensuite le sens des choses.

Pardonner, c'est s'offrir le luxe du recul, et, depuis celui-ci, observer que tout être a fait de son mieux à l'époque, par rapport à l'expérience de son vécu. Je vous invite donc grandement à ouvrir les liens des relations familiales, amoureuses, professionnelles, non guéries.

Oser vivre le pardon, c'est effectuer un pas de géant, c'est « Vivre grand » sur notre chemin du bonheur.

Prenez quelques instants de quiétude en déposant votre livre. Asseyez-vous confortablement, en libérant l'axe de votre colonne vertébrale de bas en haut. Fermez les yeux. Expirez longuement en prenant le temps, puis laissez votre corps vivre naturellement l'inspiration, la régénération. « Soyez » le flux et le reflux, profondément, paisiblement, sans forcer.

Puis, ouvrez un chemin vers votre cœur et, de là, vivez le pardon envers vous-même. Ne cherchez pas et automatiquement une situation va venir à votre rencontre ; accueillez-la au fond de votre être, et, tout simplement, soyez les mots de votre cœur, les mots du pardon. Offrez-vous le temps nécessaire, le gouvernail est en vous, faites confiance à la Vie, à votre être !

Accueillez ensuite les bienfaits de cette intimité retrouvée, au sein de votre corps chaleureux, au sein de votre esprit pacifié, au sein de votre cœur rieur.

Refaites tranquillement les mêmes gestes en bougeant lentement vos articulations, en vous étirant, en poussant quelques soupirs, en ouvrant ensuite les yeux, dynamisé d'une nouvelle certitude.

Cette demeure du silence est la vôtre, elle représente à tout instant la symphonie de l'Amour. Vous seul en possédez les clefs, le plan d'accès, la propriété.

Vivez cette grâce de connaître ce lieu privilégié, unique, protégé de tout ! Cet endroit enchanteur vous offre continuellement le passage à la voie de la Vie amie. D'ici, le pardon commence à s'exprimer et à réunifier les êtres.

Pour clore le sujet sur l'action de pardonner, je souhaiterais échanger encore quelques mots avec vous sur ce que j'ai appelé « le pardon de l'urgence ».

Pour illustrer ceci, revenons-en à la compétition, au football, au gardien de but. Ceci nous permettra de comprendre, et ensuite de pouvoir proposer un parallèle avec notre secteur d'activité personnelle.

J'ai vécu et j'ai observé à maintes et maintes reprises, qu'au moment où nous encaissons un but, quand nous sentons les filets trembler derrière nous, les adversaires qui exultent devant nous, les partenaires qui se morfondent, voire même qui cherchent à culpabiliser autrui; j'ai constaté alors que le monde s'écroule et s'arrête tout à coup.

L'énergie se fige en vous, au niveau moins que zéro, donnant alors au mental déréglé l'occasion de vous anéantir. Subir ou réagir ? Quitter l'« ici-maintenant » ou rebondir par lui ?

Tout va très vite ! Prenez un peu de recul : d'un côté, onze joueurs qui viennent de marquer un but, et probablement leurs supporters, qui, déjà survoltés, reçoivent une amplification extrême de leurs énergies.

De l'autre, onze joueurs tristes et choqués, s'abandonnant à une fuite immense de leurs énergies qui étaient précédemment concentrées. Tout cela en très, très peu de temps !

L'arbitre siffle à nouveau, le jeu reprend et s'enchaînent alors quelques minutes clefs du match, avec un déséquilibre impressionnant de l'énergie disponible. L'équipe qui a marqué se rue sur le but adverse, galvanisée par ce surplus énergétique, complètement unie dans l'« ici-maintenant », unie. L'autre, encore sur le coup du sort, ailleurs, « avant » ou « après », mais surtout pas « pendant ». Et là, tout peut basculer...

Revenons-en à notre gardien de but et à sa réaction. S'il n'a jamais travaillé la maîtrise de l'être, il va, pendant quelques minutes, vivre la lourdeur de plomb d'une armure sur le dos, la déperdition de son énergie, son blocage interne.

Étant le dernier rempart, son importance est prépondérante, car au-delà de cela, il a un maillot de couleur différente, il est seul, il est l'axe de l'équipe, de ses coéquipiers. Par lui, nous pouvons reconstruire l'unité de l'équipe, l'unité de l'énergie à nouveau rassemblée. Et ceci représente pour moi, dans ces moments dramatiques, un de ses rôles clefs d'influence.

Souvent, ses autres coéquipiers, malgré leurs interdépendances mutuelles, leur collectivité, auront cependant davantage de peine à rebâtir au plus vite le lien à l'« ici-maintenant ». Le gardien, par son poste, son habitude à l'isolement, son habitude à sa responsabilité individuelle peut créer ce lien, dans la mesure où, nous l'avons dit, les adversaires galvanisés vont renforcer leurs attaques par ses interventions immédiates.

Pour cela, l'entraînement consiste à maîtriser, dans ce laps de temps extrêmement limité qui précède le redémarrage de la partie, la capacité d'être à nouveau lui-même. Il s'agit tout d'abord de penser « ici et maintenant », puis de pousser un grand soupir, je rentre dans ma bulle avant toute chose, j'ignore les quelconques commentaires de mes partenaires, de mes adversaires ou du public, afin de stopper la déperdition d'énergie.

Enfin, dans un sursaut du cœur, je me pardonne, peu importe ce que j'ai pu faire avant : sourire, vraiment s'offrir ce sourire sincère qui sera le symbole de l'intensité du pardon. « Ici-maintenant », « ici-maintenant », expire, expire.

L'arbitre siffle, je suis prêt, le point d'appui de mon équipe est performant à nouveau, je peux alors influencer la rencontre, mes partenaires, les adversaires, le résultat. En très peu de temps, j'ai inversé l'équation « subir-réagir » en « agir-faire réagir ».

J'utilise régulièrement le pardon de l'urgence, par exemple en pleine conférence, suite à un dérapage, un oubli, une distraction, une question. En conduisant ma voiture, lors d'un échange avec un partenaire si je m'égare, à la poste, en écrivant ce livre.

Faites le parallèle avec votre sport, votre travail, votre dilemme. Je vous propose de mettre ceci en pratique au sein de votre quotidien, quel que soit votre champ d'activité.

En vous entraînant sur des choses simples de la Vie, vous renforcerez alors votre pouvoir de maîtrise lors des moments où l'intensité sera très grande, où tout autour de vous ira vite, très vite.

Être à l'écoute de son cœur, c'est se remplir de la force de son *intelligence émotionnelle*. À ce moment précis, les limites s'effacent pour céder la place à ce sentiment intense d'une vraie sécurité.

Je n'ai alors besoin d'aucun rempart, car je sais, du plus profond de mon être, posséder ce pouvoir extraordinaire que nous appelons *Amour*.

Apprenons pour une fois à nous donner la permission de revenir à cet axe essentiel : le rythme de la Vie; aucun mot, seulement une sensation chaude et sereine qui nous enlace et nous chuchote qu'il n'y a rien à chercher, rien à prouver, que nous sommes déjà « tout », que *nous sommes* tout simplement.

Cette plénitude, c'est le grand saut au fond de l'être. Cela ne s'explique pas, ne se comprend pas, cela se vit tout naturellement. Nous nous retrouvons au sein de la perception à l'état pur.

Donnons-nous l'occasion de pouvoir réaliser ce retour à l'essence des choses, de l'invisible vers le visible. Et cela est tout autant accessible à l'homme qu'à la femme. Trop souvent, nous nous « limitons » en précisant que l'intuition est une donnée féminine, donc un privilège qui lui est propriété légitime. Eh bien non, voici une nouvelle barrière, une nouvelle limite que « la tête » nous donne, car, tout naturellement, la femme, grâce à son cycle, a su préserver ce lien si important de s'ouvrir au principe de toute vie.

Je suis épris et j'éprouve une grande admiration pour les femmes. Elles représentent pour moi une immense oasis d'inspiration, de subtilité, de délicatesse, de douceur, d'élégance et de force. J'aime à me recueillir au sein de cette sublime intériorité que la femme exalte dans ses moindres faits, ses mouvements, ses regards, ses complicités, ses moindres touchers. Sans rien dire, elle exprime pourtant beaucoup. Depuis l'époque du vélo orange, elles m'ont donné énormément, et me donnent tant encore !

Réapprendre à accueillir n'est pas une insulte à notre virilité. Bien au contraire, comme l'ont expérimenté d'autres cultures, la pleine harmonisation de nos principes féminin et masculin, ou *anima* et *animus*, deviendra la terre féconde d'une expression totale de nous-même. Arrêtons cette opposition stupide entre les femmes et les hommes !

Ensemble, nous nous réunirons « de l'intérieur vers l'extérieur » pour bâtir la puissance de nos possibilités. Et tout commence déjà par la pratique de la coopération avec soi-même. Le temps est enfin venu d'exprimer pleinement les capacités extraordinaires de notre *intelligence émotionnelle*.

C'est un drame douloureux d'avoir vécu si longtemps hypnotisé par les inutilités, éloigné de ses propres racines, doté d'un cœur de pierre qui ne sait plus aimer.

Concevons toute relation, de celle avec nous-même jusqu'à celles avec les autres, comme une occasion unique de nous guérir de ce difficile exil.

Travaillons sans relâche chaque instant à tisser ce fil d'argent si fragile qui unit, tout en offrant un sincère détachement. Ne coupons pas ce courant qui apporte sans cesse la Vie, en voulant nous rassurer par une possession, et en construisant dès lors une lourde chaîne d'attachements destructeurs.

Au contraire, encourageons avec fougue cette liberté de l'être, cette quête perpétuelle d'épanouissement, cette complicité si délicate et fragile qu'est l'Amour. L'objectif principal à viser sans relâche, pour entretenir des relations harmonieuses et fructueuses, sera de privilégier le Vrai, au lieu de vouloir absolument et systématiquement « avoir raison », ce qui empoisonnera radicalement tout échange.

Qu'est-ce qu'être vrai ? Eh bien, c'est lorsque nous agissons mû par notre cœur, avec ce courage fervent de croire en la Vie amie, que « tout est possible ». Par exemple, même quand la fatigue anéantira la majorité des athlètes, pourtant bien préparés, bien entraînés, certains sauront rejaillir du fond de leur cœur ami, pour se hisser encore plus loin, encore plus haut, encore plus majestueux, à l'image d'un aigle royal, convaincu de sa force, de ce qu'il *est*.

Créer une équipe gagnante, c'est briser ces obstructions qui divisent, qui peuvent tout anéantir, même si techniquement, au départ, nous sommes meilleurs. C'est savoir réunir la multiplicité de ces potentiels uniques et différents pour atteindre ensemble un objectif commun.

Une équipe performante, c'est un cœur unique. Le cœur seul les rassemblera vraiment, sans le risque de laisser des fissures dans l'édifice. Le manque d'*intelligence émotionnelle* peut malheureusement mettre en danger l'existence d'un groupe, d'une équipe, d'une entreprise.

Nous en arrivons donc tout naturellement au pouvoir extraordinaire que détient l'enthousiasme. Plus nous agirons ancré dans les racines de l'enthousiasme, plus nous disposerons d'un torrent extraordinaire d'énergie, de fluidité. C'est l'état de gestion optimale de notre énergie émotionnelle.

Le but est de se repositionner le plus souvent possible au sein de cette émotion si féconde en force et en créativité. Quand j'agis avec enthousiasme, toutes les divisions, les fractures, les résistances précédentes se dissolvent pour se rassembler en cette divine énergie.

S'enthousiasmer, c'est se transformer en un « athlète de la manière de faire », où tout devient une seule et unique racine, qui se rassemble au cœur de l'« ici-maintenant ». Et le véritable athlète, c'est celui qui a compris que la vraie force se révèle dans l'action de servir ; son but ne reste pas alors prisonnier d'une réussite extérieure. L'important se trouve ainsi dans l'intention profonde qui le pousse à agir au tréfonds de son cœur. Il est alors *serviteur* de sa tâche, créant l'harmonie. C'est « l'athlète de la Vie ».

S'enthousiasmer, c'est offrir généreusement, sans aucune attente, son temps, son attention, son ventre, sa tête, son cœur aimant, au service de ce que l'on vit dans l'instant, pour le rendre plus grand, plus coloré, et donc meilleur.

Ce fabuleux pouvoir de l'exaltation nous entraînera à être capable de tout défier. L'essentiel est réenclenché, la générosité de l'enthousiasme vibre du fond de nos tripes, nous offrant le rayonnement de l'aventurier. À toute tâche, nous répondrons le cœur léger avec un grand « Oui ». Ce qui fait vibrer un océan, c'est cette eau généreuse qui tourbillonne continuellement. Ôtez-lui celle-ci et l'on découvrira un désert poussiéreux de béton armé !

L'enthousiasme, c'est cette énergie de vie si généreuse qui vibre en l'être humain et qui lui lègue cet éclat, ce charme, ce charisme. Enlevez-le de son cœur, et tout s'étiole, tout sèche, tout se mécanise, tout devient « faire humain ».

L'enthousiasme, c'est la Vie, c'est cette flamme qui danse avec élégance au milieu des crépitements du feu de l'existence.

L'enthousiasme, c'est un renouvellement, une renaissance sans fin à un état supérieur.

L'enthousiasme, c'est l'éclat de rire d'un cœur qui s'exprime, qui crée le beau, qui donne la Vie, qui s'amuse.

Vivre avec enthousiasme, c'est faire briller cette lumière de l'espoir du possible.

Être enthousiaste, c'est se ruer hors de la pénombre de l'obscurité pour oser matérialiser par des actes chaleureux ses rêves les plus fous. C'est lâcher ses fausses sécurités pour vivre son accomplissement, son évolution, en conservant cette attitude bénéfique d'avoir faim en la Vie amie. C'est quitter la froideur du doute pour tressaillir une fois encore, porté par notre cœur d'enfant.

S'enthousiasmer, c'est vivre la richesse de l'instant; il ne faut surtout pas le gâcher, car nous ne le retrouverons plus jamais, donc il importe d'en profiter pour ensemencer le bonheur du futur.

L'enthousiasme, c'est cette ferveur continue de donner, de placer son cœur dans cette offrande de nos paroles et de nos actes.

Agir avec enthousiasme, c'est caresser de plaisir *l'éternel présent*.

Chaque fois que j'aurai l'occasion de m'investir entièrement au sein de ce cristal qu'est l'enthousiasme, je recevrai le plus beau des présents : le Bonheur.

« Vivre grand » au pays de l'enthousiasme, et tout autour de moi s'illuminera d'une délicieuse clarté.

Pour terminer cette exaltation, j'aimerais remercier par ces mots mon cœur. Il n'est pas toujours facile, c'est vrai, d'oser s'abandonner, « se lâcher », avec cette confiance irréfléchie en son appel et en son pouvoir extraordinaire. Mais que c'est bon de vivre...

Une fois encore, l'écriture de ce livre me renvoie la richesse d'avoir le courage d'oser. Cela fait très longtemps qu'en moi germe l'idée de l'écrire. Il y a quelques années, en Australie, je me suis lancé une première fois, mais j'y retrouvais trop ma tête, ma raison qui parlait, qui cherchait à convaincre.

Mais, voici quelques mois, j'ai décidé de m'y consacrer pleinement car je sentais le moment venu. J'ai donc bloqué une période disponible dans mon agenda pour plus tard. Les semaines ont défilé, les mois se sont écoulés, me rapprochant de l'échéance.

Je possédais cette certitude de devoir m'abandonner à mon cœur, à la Vie, de ne pas reprendre mes anciens écrits, de ne pas me documenter « en dehors », de simplement trouver le lieu isolé qui me permettrait de me redécouvrir, d'être par les mots.

Je savais qu'en « lâchant prise », en me faisant confiance, tout ce que j'avais intégré au fond de moi jusqu'ici rejaillirait. « Quitter la tête », et ne partager que ce que j'ai *ressenti*, laissant pour plus tard ce que je n'ai encore compris qu'avec mon intellect.

J'écris depuis mon « cœur libre », et que ceux en qui ces mots résonnent s'accordent le droit de les « ressentir » par eux-mêmes. Ce livre se veut d'abord un lieu de partage et d'échange.

Merci la Vie de combler mes journées d'inspiration ! La grande force qui me porte et me guide depuis que j'ai pris la plume, c'est la simplicité de me répéter sans cesse : « ici-maintenant ». C'est ma boussole qui m'oriente, me recentre, m'empêche de penser, et de réfléchir à « quoi écrire ? »

Je suis le serviteur fidèle des métaphores. J'aime beaucoup la vague car elle résume en elle l'essor perpétuel de la Vie. Depuis le début de ce livre, je m'exprime avec passion, sans retenue quant à mes « ressentis » importants sur ce qui me semble pouvoir devenir des tremplins amis, pour mieux vivre soi-même.

Des thèmes différents arrivent à des moments différents, tour à tour ils s'entrecroisent ou ils s'enlacent dans cette même volonté d'enrichir le texte. Mais leur authenticité reste la même : ils chantent haut et fort que la Vie est une fête, sans cesse renouvelée; comme l'eau se réunit pour s'épanouir en vagues successives, prônant la même essence de mille manières diverses.

Chaque vague porte en elle l'essence du mystère et se donne le droit de le vivre avec originalité. Tout tend vers le même but, mais les voies empruntées seront chacune ce qu'elles se doivent d'exprimer. Et je suis persuadé qu'à tout instant, si le désir jaillit en vous, vous pourrez recommencer la lecture de cet ouvrage, de la première à la dernière page, ou vous engouffrer dans celui-ci « au hasard » pour découvrir que le hasard n'existe pas.

Les couleurs qui vous auront frappé la première fois perdront peut-être de leur éclat. Par contre, d'autres revêtiront leurs plus beaux atours, et tout cela simplement parce que tout change constamment. Vous êtes déjà à une autre place que jadis, curieux d'une autre façon, prêt à éveiller d'autres facettes de vous-même.

Mes mots ne seront jamais les mêmes, dès que je les relis, ils me parlent avec une vibration différente. Mais l'essence qui leur donne la vie reste la même à tout jamais.

Donnons donc naissance à ces ondulations exquises qui exultent au plus intime de chacun, la bonté de vivre.

Mon bonheur, c'est de plonger dans l'ancre de mon cœur afin d'écrire ma vie avec l'encre de mon sang.

Quels beaux instants j'ai vécu hier midi. J'ai décidé de descendre au minuscule village et de manger au café du coin. Et là, la Vie m'a gracieusement guidé au sein d'une enfance retrouvée. J'étais transporté au milieu de mes souvenirs, dans l'atmosphère chaude, pleine de vitalité, de vrai, d'un café de montagne où nous venions déjeuner avec ma famille.

Des voix fortes mais chantantes, pleines d'émerveillements simples, des tapes dans le dos et, surtout, une cascade infinie de complicité, d'éclats de rire, de réelle fraternité, tous âges confondus. Une énergie de reconnaissance, de solidarité et d'amitié qui vibrait de part et d'autre dans la pièce.

Là où au départ il n'y avait apparemment rien, se trouvait l'essentiel. La Vie, la joie de partager, le bonheur d'être ensemble, sans aucune frontière, tout le monde rassemblé en une chorale de gaieté. Pas de télévision, de courriel, d'apparences inutiles, chacun avait sa place, sans avoir rien à prouver au sein de cette symphonie bienheureuse qu'est la Vie. Cela ne s'explique pas, cela se vit.

Revivre ce lien si souvent défait du respect de l'être, où l'on peut ne pas être d'accord, mais respecter le cœur de l'autre.

Je vous invite, vous aussi, de temps à autre, quand vous vous sentez tellement loin de l'essentiel, à vous réénergiser, au sein de l'« ici-maintenant », de souvenirs gorgés de plaisirs passés. Ces instants bénis possèdent les vertus de la jovialité, ils vous appartiennent. Personne ne pourra vous les enlever. Laissez donc remonter à la surface ces bienfaits d'humanité ! Délectez-vous avec grâce de ces clartés toutes aimantes ! Imprégnez-vous jusqu'à la moelle de cette douce luminosité qui réchauffe votre isolement temporaire !

Je les appelle les sentiments de victoire, ceux qui me relient à la source du possible, l'enthousiasme créatif. Tels les cailloux du Petit Poucet, je peux retrouver ma saine et sécurisante demeure.

Quelle est donc la motivation tant recherchée par tous les hommes ? Ce fameux bonheur. Occuper donc de plus en plus son temps à exprimer cette sensation amie du plaisir de vivre.

Pour cela, nous bénéficions d'un outil clef que la création nous a gracieusement légué. Mais il n'en revient qu'à nous de l'utiliser, d'appuyer sur le bouton qui enclenchera son effet catalyseur. Ce don merveilleux que nous possédons tous, c'est le sourire.

Grâce à l'utilisation et à la magie du sourire, notre relation amicale avec lui nous permet de savoir réchauffer la froideur d'une ambiance. Avec le sourire, aucune porte ne peut rester éternellement close.

Ce que nous appelons communément « bonheur », c'est cette romance qui chante éperdument la gloire d'une vie, eh bien, c'est ce fameux superbe sourire qui réalise encore et encore l'enchantement du miracle.

En offrant un sourire sincère, j'ai le pouvoir de débloquer toutes les situations ; chacun de nous a eu la chance au cours de son existence d'en faire l'expérience. Mais j'insiste sur le fait qu'il doit absolument être sincère, nous ne jouons plus au guignol endimanché, nous recherchons « l'être ».

Le sourire va bien au-delà des mots, des explications, des théories, il se dirige directement vers le cœur de l'autre, créant sans fioritures cette passerelle qui place l'être humain au centre des préoccupations.

Combien de fois avons-nous été convaincu du bien-fondé d'un sujet, combien de fois avons-nous éprouvé un intérêt enthousiaste pour un thème nouveau, simplement par ce sourire venant du cœur d'un professeur, d'un parent, d'un entraîneur, d'un artiste ? Si souvent ! Et, d'autre part, combien de fois n'avons-nous pas constaté une démotivation soudaine pour une quelconque activité, jusqu'alors si précieuse, mais que la lourdeur d'un visage fermé noircit d'ennui ?

De la même manière, nos portes de l'Amour s'ouvrent en grand à la rencontre d'une femme, d'un homme, dont l'éclat du sourire irradie ! Nous tombons rarement amoureux, là où fait défaut le rayonnement enchanteur de la mélodie du sourire. Pour moi, charme et sourire sont indissociables, car les deux prêchent l'innocence du cœur pur.

Nous ne pourrons jamais imiter, ni voler la puissance d'un sourire car l'étincelle qui lui donne cette brillance peu commune vient d'une spontanéité candide. Vivre avec grandeur la sérénade du cœur souriant, à mille lieues de la réflexion. Merci la Vie de conserver infranchissable, inviolable, inexplicable, l'essence de l'éternelle enfance.

Les poètes du monde entier n'ont cessé de la faire chanter grâce aux sonorités miraculeuses de leurs vers. Le sourire, c'est la terre vierge de notre enfance retrouvée. Et de là, il n'existe qu'une distance ténue jusqu'à la plénitude qu'offre l'éclat de rire. J'insiste sur « éclat ». En effet, le rire apporte la magie de l'éclat lumineux qui enveloppe alors le visage rieur.

Rire aux éclats, c'est offrir à son corps tendu la chance de tressaillir de l'état réparateur qu'apporte la joie. Placer l'humour en bonne place au sein de son quotidien, représente la meilleure des assurances vie, et en plus, la moins coûteuse !

Retrouvons la douce et bienfaisante humilité de rire de nous-même avant toute chose ! Extirpons-nous de ce besoin contemporain de devoir se prendre au sérieux, qui colore malheureusement en gris la vie quotidienne ! Imposons la luminosité en lieu et place de la morosité !

Et pourquoi ne prendrions-nous pas des cours d'humour, pour nous remettre aux bienfaits du rire ? Il est tellement dommage de constater que, dans la majorité des endroits que l'on appelle « lieux de travail », nous nous obligeons à un sérieux rigoureux qui ruine tout accès au plaisir d'être, donc de s'enthousiasmer.

Il est même considéré comme pas sérieux, futile, et à proscrire à tout prix de prendre plaisir, de sourire ou de rire. Ainsi l'on appose sur le mot travail une triste étiquette de dur labeur, de temps non plaisant, de combat.

Que ce soit au stade, au bureau, à l'usine, sur l'échafaudage, dans les champs, sur la scène, réapprenons à mettre au goût du jour le plaisir de se consacrer avec cœur à sa tâche. Prônons une efficacité galvanisée de temps à autres par des éclats de rire, des tapes amicales sur l'épaule, des clins d'œil, des sourires, par l'avantage d'être là, ensemble, et d'avoir l'envie de partager ce privilège.

Devenons le serviteur sincère de ce que nous faisons, cherchons *l'excellence* qui rimera harmonieusement avec joie de vivre. Cela ne fait-il pas très longtemps que nous n'entendons pratiquement plus de sifflement exprimant l'allégresse du plaisir de vivre sur les lieux de travail ?

Nous pourrions rétorquer, « avec la tête », que tout cela est bien beau, mais que nous vivons une époque très dure, où la crise fait rage Pourtant, à d'autres époques que l'on prétendait plus aisées, on subissait la guerre, on était séparé de force de ceux que l'on aimait, déraciné, on avait l'obligation vitale de s'acclimater à un pays d'accueil, la mort frappait précocement, les enfants peinaient dans les mines, notre compagnon de vie nous était imposé par nos parents...

Et aujourd'hui, sous d'autres latitudes, il y a toujours la guerre, la faim, les épidémies, la mort imminente...

Cependant, où que nous soyons, il existe toujours la possibilité d'évoluer, de devenir responsable, de goûter, d'apprécier le fruit mûr, d'avoir le libre choix de vivre sa vie.

Combien de personnes se retrouvent soudain, des suites d'un accident, clouées au lit, confinées dans un fauteuil roulant, ou à lutter pour survivre au sida, à un cancer, à un coup du sort, et nous donnent gratuitement la plus belle des leçons d'humilité ? Se « rassembler en soi-même », afin de vivre, malgré les douleurs, l'isolement, les doutes.

Encore merci, Sylvie, pour ce que tu m'as légué par ton exemplarité, ton courage, ta persévérance, ta foi, qui t'ont permis de t'en sortir avec le temps, de connaître le goût délicieux de la Vie, toi qui as connu l'amertume de te retrouver au tapis en un instant, déchirée dans ta chair.

Inspirons-nous de ces géants de la Vie, dégelons nos cœurs ! Les bonnes intentions sont là, mais elles resteront poussière si on ne passe pas à l'acte, si on ne les vit pas. Tel le proverbe oriental qui dit qu'« un voyage de mille kilomètres commence toujours par un premier pas. »

Il est vrai que nous n'avons jamais préparé autant de bolides sophistiqués, aux plans technique et technologique. Malheureusement, dans notre système d'éducation, nous avons omis l'ingrédient essentiel, c'est-à-dire le cœur à l'ouvrage. C'est le *starter* que toute voiture se doit de posséder, si elle veut avoir la prétention de démarrer.

Une simple deux-chevaux, munie d'un starter, nous sera beaucoup plus utile pour emmener quelqu'un d'urgence à l'hôpital, qu'une Ferrari qui n'en possède point.

Où que vous vous trouviez, si votre mission est de vous occuper d'éducation, de guider des collaborateurs, ou de *coacher* des sportifs, utilisez à bon escient cette *intelligence émotionnelle* !

Quel que soit votre passé, que vous soyez un élève, un employé, ou un athlète, sachez que l'accès au pouvoir illimité de l'enthousiasme se trouve juste là, en vous, prêt à se rallumer afin de vous porter là, où même votre tête en cet instant n'oserait imaginer que vous pourriez vous trouver !

Privilégiez ce plaisir *d'être* avant toute chose, et tout s'organisera ensuite avec élégance et clarté. Persévérez, ne vous découragez pas, car il s'agit d'un processus tout à fait naturel qui prend le temps nécessaire pour se remettre en route dans une autre direction, la vraie, celle de votre cœur, de votre lien avec la Vie.

Tout est déjà là. Il n'y a qu'à s'autoriser à faire ce pas de géant en direction de son cœur, à « Vivre grand » en développant sa confiance jusqu'à l'audace. Pas besoin de comprendre, de trouver un mode d'emploi extérieur pour se guider, pour simplifier, car *le cœur sait*. Pas besoin de formations spéciales, de diplômes, de grades, de licences, notre cœur connaît

Et aucun cœur n'a la prétention de rivaliser avec un autre, de vouloir surpasser, tout cela lui est bien inutile, car il est l'essence de toutes choses. Notre cœur resplendit au rythme parfait qu'est la Vie. Et, n'oubliez pas : humour, rire et sourire !

Vous vous souvenez de mon vélo orange ? Eh bien, j'y reviens ! Adolescent, je demandai plus d'une fois à mon père avec insistance la permission d'avoir une moto, comme les copains du collège, mais sans grand succès.

Il refusait toutes mes requêtes. Je lui expliquais qu'il était vraiment injuste, qu'il me rendait la Vie difficile, par exemple avec les petites copines, car elles étaient séduites par ces bolides, donc par leurs propriétaires, mais je ne touchais guère en lui de corde sensible !

Et je l'entends encore me faire une grande théorie sur la séduction, les femmes, exaltant les pouvoirs de savoir faire rire, d'être soi-même, donc différent. C'était, à son avis, une recette très intéressante à acquérir, puis à développer.

Je lui répondis : « Je comprends ce que tu veux dire, mais je ne suis pas d'un naturel très amusant. »

Il me rétorqua : « Entraîne-toi, car il existe une autre possibilité, ce serait d'être riche, mais tu as le temps De plus, quand une fille choisira d'être avec toi, tu sauras pertinemment qu'elle le fait pour ce que tu es vraiment, et non pas pour ton vélo orange. Et encore, celui-ci t'offrira un galbe de jambes harmonieux non négligeable pour plus tard », termina-t-il avec un sourire complice et coquin.

À toutes ces demoiselles qui m'ont complimenté sur cette partie agréable à voir de mon anatomie, voilà pourquoi je vous ai répondu, à votre grand étonnement et en vous laissant béates et perplexes : « Merci au vélo orange de mon père » !

L'humour, cela marche, le vélo aussi. J'appris ensuite que la couleur orange, merci Kurt, c'était celle qui réunissait, qui rassemblait. Clin d'œil d'un garnement amoureux de la Vie : simplement étreindre le bonheur à tout instant !

Ressentir

Cette vigilance attentive à créer la joie sans discontinuité, c'est posséder cette fameuse attitude du *Petit Prince*.

Souvenez-vous : il consacre son temps à apprivoiser sa rose, puis le renard. Tout en découlera ensuite avec complicité.

Le caractère unique de chaque instant apparaîtra alors ; la différence se transformera en une mélodieuse « réharmonisation » des êtres. Vivons la douceur, cette faculté si bénéfique ! Trop souvent, nous nous positionnons ou nous adoptons une attitude, soit comme quelqu'un de résigné, de mou, d'abattu, ou soit comme quelqu'un de rigide, de dur, de violent, ou qui cherche la puissance du pouvoir pour se rassurer.

Élevons-nous en acceptant la douceur de la Vie amie, la douceur avec soi-même, la douceur avec les autres ! Être doux dans ses actes et ses paroles, c'est tout sauf de la faiblesse. Nous ne pouvons exprimer la douceur que si nous avons le courage de « lâcher prise », d'accepter que nous ne pouvons pas tout contrôler. Ayons donc foi en la Vie amie, en nos capacités, en celles des autres ; devenons un « athlète de la paix » !

Réapprenons, tel le *Petit Prince* de Saint-Exupéry à nous faire des amis de notre tête, de notre cœur, de notre corps. En nous apprivoisant nous-même, nous baignerons à nouveau au beau milieu de cette lumineuse clarté qui donne envie de se rapprocher des autres, de leurs grandeurs ; ils sont tellement différents, mais tellement semblables à la fois. Différents en dehors, similaires dans l'essence.

Et comment se fait-on un ami ? Il convient tout d'abord de lui offrir gracieusement de son temps. Ensuite, d'être simplement là, tout entier à l'écoute de ses besoins. Et enfin, de répondre généreusement à ceux-ci, sans aucune attente.

Malheureusement, combien de fois, dans notre quotidien suractivé, prenons-nous le temps pour notre corps, pour écouter ses réels besoins, pour ensuite y répondre par des actes amicaux ? C'est devenu une démarche rarissime.

J'aimerais consacrer ces pages pour nous remémorer notre voyage en commun à travers soi, nous ramenant en ce lieu privilégié que représente notre corps.

Nous avons beaucoup parlé d'énergie et nous avons pris conscience que l'énergie vibre, circule ou se bloque dans notre corps physique. Ressentir, c'est « vivre son corps ». Mais où vais-je donc loger si je ne prends pas soin de cette demeure ? Celle-ci protège l'étincelle de vie, cette essence si subtile qui nous donne la chance d'exister en cet instant précis !

S'occuper du bien-être de son corps représente ce lien essentiel, ce devoir de protéger la Vie en nous, pour protéger la Vie autour de nous. Tout commence depuis l'intérieur. En rejetant notre corps, nous insultons la Vie, en lui et en dehors de lui. Notre mission suprême est d'aimer la Vie. La servir avant toute autre chose, de tout notre cœur, de toutes nos pensées, de toute notre force, donc de la vie en son corps. Je ne parle pas du fanatique culte du corps pour « l'apparence parfaite », pour répondre aux attentes extérieures de reconnaissance. Mais d'un lieu de communion, d'interdépendance, où tout se rassemble, pour servir la même noble cause : préserver la Vie.

Rien n'est plus éloquent qu'une parabole, et voici l'une de mes préférées : imaginez que votre corps soit représenté par un lac paisible, radieux. Hélas, au fur et à mesure que le temps s'écoule, des roseaux viennent l'envahir, en très grande quantité, lui pompant son énergie vitale. Ces roseaux, pour poursuivre notre analogie, nous les appelons communément les « tensions musculaires », qui rigidifient progressivement un peu plus le corps. Et on raisonne ainsi : « C'est normal, on vieillit ».

Beaucoup de remèdes nous sont proposés : des exercices physiques miracles, des régimes miracles pour maigrir, des pilules miracles pour dormir, pour se décontracter. Nous cherchons uniquement un soulagement immédiat, avec très peu d'engagement de soi : nous coupons les roseaux à leur base, mais les racines restent.

Prenons du recul, et cherchons à voir si la rivière qui alimente le lac ne serait pas à l'origine du problème qui le pollue. La rivière, ce sont nos émotions si précieuses !

Mais nous avons vu de quelle façon nous les gérons ordinairement : au lieu d'utiliser sainement l'énergie qu'elles représentent en les exprimant, nous les opprimons, nous les comprimons à l'intérieur, renforçant alors les racines solides de nos « roseaux », de nos tensions musculaires, qui nous fatiguent d'autant plus. Nous les nourrissons, mais nous les combattons ensuite. Apprenons à nous autoriser à vivre la beauté du pouvoir de nos émotions, à les exprimer, par exemple par la beauté du geste.

Mais continuons et remontons à la source qui donne vie à la rivière, puis au lac. La source, ce sont les multiples pensées que l'on choisit soi-même. J'ai donc le pouvoir de supprimer le malaise provoqué par les roseaux, ce sera une question de choix.

Tout est relié. Je vais donc apprendre à réunir mes pensées, mes émotions, mes gestes, au creux de l'« ici-maintenant », pour reconstruire ce bien-être en mon corps.

Avant tout, il me faut être gentil avec moi-même, afin de mieux me « rassembler ».

Posséder le recul nécessaire qui me permettra de choisir mes pensées, de vivre mes émotions, de ressentir mon corps. Et ce n'est qu'à partir de mon cœur, l'eau de tous ces éléments, que je peux influencer sainement cette orchestration pour devenir entier, authentique, « vrai ». Ainsi vais-je travailler à m'épanouir plutôt que de combattre contre mon corps.

Comme j'ai passé plus d'une dizaine d'années au sein du milieu du *fitness* et de la prévention de la santé, j'ai pu en constater les bienfaits, mais aussi les limitations.

D'un côté, les « plus », avec des professionnels de la forme qui ne cessent de faire comprendre l'importance de la pratique régulière de l'exercice physique à notre société sédentaire, avec un encadrement de qualité croissante à l'intérieur des salles d'exercices.

Mais, de l'autre côté, une attitude mettant en avant le combat contre son corps. Sous l'influence des médias règne cette idée considérablement entretenue du besoin de posséder tel corps, d'avoir telles mensurations, pour pouvoir être accepté, qu'on vous qualifie de belle femme ou de bel homme donc, pour être aimé.

Nous détestons alors souvent notre corps, son manque de formes, notre surplus ou notre manque de poids, et nous le renvoyons au placard comme une vulgaire mécanique dénuée de la moindre intelligence.

La guerre est alors déclarée violemment contre lui, contre sa soi-disant méchanceté. Nous tenterons le tout pour le tout afin de le soumettre à notre volonté, le combattant avec douleur, car il est admis que nous devons souffrir fortement pour maigrir. Ou encore, nous nous laisserons séduire, sans y croire vraiment, par tel remède miracle vanté par une publicité efficace.

J'ai longtemps été prisonnier moi-même de cet égarement si futile, si commercial, si illusoire. En fait, avec ce comportement erroné qui prône le combat contre son corps, nous enracinons encore plus profondément le problème, nous « poussons à nouveau le mur », de plus en plus fort, nous vivons la résistance à la Vie, et résister, cela use.

Certains développeront une attitude d'une extrême discipline qui leur apportera les bienfaits escomptés. Ils maigriront, ils auront de plus beaux fessiers, mais ils n'en seront pas moins condamnés à ne jamais arrêter de pousser ce mur d'illusions, car tout s'écroulera. Ils deviendront dépendants du culte du corps, « plaçant leur axe » dans cette apparence : la fracture est née.

D'autres abandonneront, reprendront, laisseront tomber à nouveau, s'y remettront, jouant aux montagnes russes, se procurant bien-être, puis mal-être en alternance.

En contrepartie, nous rencontrerons un intellectuel réfractaire au corps, le rejetant pour un quelconque côté malsain.

Ces trois manières de vivre son corps sont erronées, alimentées par une façon de penser paralysante, une fausse attitude qui implique la division.

En fait, derrière tout cela, au milieu d'une existence bombardée de choses à faire, à faire, à faire, grandit sans cesse un besoin urgent, celui d'être aimé.

Prenons le recul nécessaire pour sortir de cette logique illusoire. Le corps « sait », il connaît intimement la Vie. Des preuves, en voici.

Lorsque vous vous allongez enfin dans votre lit, éreinté, fatigué, votre corps tout seul vous régénère comme par magie, grâce à une excellente nuit de sommeil réparateur.

Quand vous mangez, votre corps digère comme par magie pour vous apporter de nouvelles forces vives.

Et si vous vous coupez, le corps cicatrise votre plaie, comme par magie.

Tout cela gratuitement, sans aucun autre effort que de « lâcher prise », c'est-à-dire de laisser faire, car le corps, lui, sait.

Malheureusement, que faisons-nous ? Sans cesse, nous intellectualisons notre quotidien. Nous nous faisons des scénarios pénibles, obscurs. Et, au moment d'aller dormir, notre intellect, qui devrait pourtant tout savoir, nous entraîne dans un bal sinistre de soucis et déséquilibre notre corps, nous jette dans les bras tant craints de l'insomnie : car nous nous devons de dormir à tout prix, demain nous avons tant d'activités à assumer, de dossiers à parcourir, de rendez-vous à fixer, d'argent à gagner, c'est si important...

Même chose pour le repas qui, dit-on, est indispensable à prendre, sitôt qu'il est 12 heures précises et, qu'à midi, nous devons manger.

Les soucis sont là, tourbillonnants, et notre digestion d'abord harmonieuse se transforme alors en un combat de ballonnements, de maux de ventre, de lourdeurs. Et si, d'aventure, pris dans cette hérésie de préoccupations créées par mon mental, je me coupais, la cicatrisation serait difficile, retardée.

Conservons notre objectivité afin de bien prendre conscience de l'illusion dans laquelle trop souvent nous plaçons toutes nos cartes. Si notre façon de vivre reste fluide, en harmonie, notre corps sait comment reconstruire. La Vie est très grande, voire même grandiose, et surtout très amie de l'être humain.

Comme nous avons pu l'apprécier, la Vie nous a légué les émotions comme des signaux amis pour continuellement nous permettre de « retrouver notre axe », tout en respectant nos vrais besoins, ceux qui nous font respirer au lieu de ceux qui comblent notre ego d'inutiles bavardages...

Eh bien, la Vie a aussi mis le corps à notre disposition, comme un signal ami, qui, faute d'avoir pris connaissance des messages continus de nos émotions, commence lui aussi à se manifester, en « clignotant » pour souligner notre égarement. Trop de poids, douleurs dans le dos, dans les articulations, voire maladies ou autres méfaits. Mais à cela, notre mental excédé rétorque maladroitement : « Foutaise, tu n'as plus vingt ans et c'est normal, tout le monde y passe ! »

Puis deux routes se présentent de nouveau et le libre choix est offert à chacun : se rassurer coûte que coûte, avoir raison encore une fois (c'est devenu une habitude), ou s'ouvrir pour voir un peu plus loin que les barrières connues du passé.

Je tiens à vous tranquilliser : j'ai rencontré des personnes merveilleuses dans le monde entier, œuvrant depuis leur vitalité si féconde, dont le corps semblait si vigoureux, si jeune, comparativement à l'âge si désuet qui trahissait la logique d'une carte d'identité. Des personnes qui exaltent la Vie chaque instant, sans aucune morosité, sans respirer l'ennui; des gens qui vivent pleinement sans se priver de tout, sans se discipliner, ou sous le joug d'innombrables règles, mais qui respectent en revanche la règle d'or, si simple, de « vivre "ici-maintenant", tête, cœur, corps », célébrant à l'infini la grandeur de ce cadeau unique qu'est la Vie !

Je ne vous encombrerai pas l'esprit de statistiques, d'études scientifiques récentes qui préconisent ce nouveau et urgent besoin d'enrayer le stress et les maladies psychosomatiques.

Je préfère consacrer mon temps à vous proposer, si vous en ressentez l'appel depuis votre cœur, à vous ouvrir encore un peu plus à cet outil essentiel, prioritaire, qu'est la manière d'être, d'où découle ensuite la manière de faire.

En dehors des cours de gymnastique traditionnels, j'ai développé durant plus de dix ans un cours, en perpétuelle évolution, sur les bases du *stretching*, c'est-à-dire une classe douce, alternant étirements, relâchements et respiration. Le fil conducteur en est très simple : « rassembler tête, cœur, corps, "ici-maintenant" ». Apprendre à développer notre attention pure au corps ressenti, donc à soi-même. Se servir d'un exercice, quel qu'il soit, pour rechercher cette harmonisation bienfaisante. Ne pas répéter mécaniquement les gestes d'un professeur, mais, au contraire, s'imprégner la chair de ce mouvement, de cet instant unique.

Imitation égale limitation. Chacun est différent, le but est donc de s'appliquer à retrouver son propre « axe de maîtrise », que seul le « ressenti » du corps peut faire rejaillir indéfiniment; tel un trapéziste lancé dans les airs, « présent à l'instant », avec ses pensées, son enthousiasme, son corps, vivre par soi-même la qualité du geste. Cette pratique corporelle nous servira alors pour vivre, dans toute activité, cette unicité, puisque mon corps m'accompagne partout, et qu'il sait.

Le but ne sera plus de faire un geste, mais *d'être* le geste avec sa tête, son cœur, son corps : je suis le geste, je suis le rythme, je suis la Vie, je « connais ».

Aucun geste n'est dangereux, mais tout geste peut le devenir. La vraie réponse, ce n'est pas le professeur miracle, la technique miracle, le médecin miracle qui l'apporteront. Par contre, plus je ressentirai en moi vibrer le bien-être, la Vie, la fluidité, plus je me ferai du bien.

Dans l'autre sens, douleurs aiguës, vives, ou sensation d'ennui, m'indiqueront que je suis sur l'autoroute de l'imitation, du combat, donc de l'égarement.

Chaque pensée, chaque émotion, chaque geste vécus jusqu'à aujourd'hui, ont façonné sans cesse la construction de mon enveloppe corporelle. Je ne dois jamais oublier qu'une pensée, une émotion, un geste représente un coup de pinceau sur la fresque de mon corps.

C'est moi qui tiens le pinceau, instant après instant, ce pouvoir est le plus grand. Je ne dois surtout jamais l'abandonner à quelqu'un d'autre qui prétendrait savoir mieux que moi comment diriger ma propre vie.

Aucune théorie, aucune technique, aucun être humain, quel que soit son ingéniosité, ne peut rivaliser avec l'essence de mon cœur, la toute haute vérité de la Vie. Elle seule *connaît*.

Dehors, je peux décider par moi-même de prendre telle ou telle chose qui me parle. La Vérité n'est pas dans la chose, même si elle est merveilleuse et attirante, mais dans la pureté de l'écho qu'elle me renvoie. Je peux décider alors de ma manière de l'utiliser pour mon évolution personnelle.

Toute chose vibre de différence, mais le cœur de toute chose vibre la même essence. Et je me dois d'aller au bout de moi-même pour que mon voyage prenne un sens.

J'ai donc le loisir de peindre, jour après jour, une œuvre colorée de bien-être ou une œuvre noircie de mal-être. Cette œuvre représente ma responsabilité propre, donc mes choix. Et personne ne peut jamais choisir à ma place la couleur de ma vie.

Tout comme l'air que vous respirez, imaginez qu'au-dessus de votre tête se trouve un immense entonnoir dans lequel coule à profusion l'énergie, la jouvence, la vitalité de la jeunesse, et ce, depuis que vous êtes né.

Votre problème au fond, c'est que le tuyau de l'entonnoir est rétréci par la peur de manquer de quoi que ce soit et cela crée donc une résistance douloureuse. Plus vous avez peur et plus vous contractez le tuyau, donc moins vous recevez d'énergie. La douleur s'intensifie, et vous use, car c'est vous qui devez alimenter cette tension, en brûlant une partie du peu d'énergie que vous recevez. Nous retrouvons là notre fameux cercle vicieux.

Le tuyau de l'entonnoir, c'est l'émotion. Choisissez l'expression de l'enthousiasme au lieu de la peur, alors le tuyau se relâchera progressivement, l'énergie affluera, la douleur disparaîtra et la jouvence reviendra enlacer vos cellules.

Donnez-vous la permission d'exprimer dans chaque geste la grandeur de l'enthousiasme. Chanter, peindre, danser, au sein de tous ces mouvements, ce miracle d'exprimer, fief royal d'une énergie fluide retrouvée.

Choisir avec joie de cultiver la force de l'élégance qui rassemble, qui guérit, qui construit, au lieu de la force du combat qui, tôt ou tard, nous autodétruit. Remettre l'élégance à sa vraie place, à la plus belle, à celle qu'elle a toujours méritée, la première.

L'élégance chante à tout jamais la poésie de la Vie unique. Réapprenons à nos mouvements quotidiens à s'imprégner d'élégance, de fluidité, de courbes harmonieuses, fondations d'une existence riche et épanouie. Vivre son corps avec élégance, c'est prendre le temps de lui crier notre dévouement, notre amitié; arrêter enfin de le martyriser par des contraintes, mais simplement le vivre avec enthousiasme, avec grâce, *être le geste*.

Revenons dans nos gymnases, nos stades, nos rues. Mettons notre concentration à nous rebâtir, par le geste, dans le geste, avec le geste, afin de *devenir le geste*.

J'ai pu remarquer, dans les salles de musculation du monde entier, des personnes se défonçant avec agressivité sur des *steppers* ou des vélos, cinq à six fois par semaine, une bonne heure, les yeux rivés sur le journal, le baladeur sur les oreilles, le corps mécanisé en action. D'autres projettent leur attention sur l'écran vidéo en face d'eux.

A la faveur d'un retour dans le temps, je vous propose de vous retrouver en pleine période de la Renaissance, admirant Michel-Ange en train de peindre. Observez bien s'il lit en même temps la *Gazetta del Sports* ou s'il a un *walkman* sur la tête.

Réapprenons ensemble ce secret qui permet à chacun de nous de créer une grande œuvre. Respectons notre fameuse phrase : « L'énergie se trouve là où je place mon attention ». Et, du moins, quand nous ferons du sport, nous apprendrons à nous « réunir » à nos pensées en vue des possibilités de notre corps, à nos émotions afin d'éclater d'enthousiasme, à notre corps dans l'optique d'atteindre l'élégance.

Tout cela orchestré par un cœur aimant, respectueux de ce que nous sommes. Nous découvrirons qu'il n'est guère ennuyeux de se consacrer à être entièrement présent à ce que nous faisons dans l'instant, nous ouvrant tout au contraire à un *challenge* dorénavant beaucoup plus excitant. Désormais, au lieu d'être content seulement après l'avoir accompli, comme c'est souvent le cas, et pour se donner bonne conscience, nous y prendrons plaisir aussi pendant l'activité. Lors de notre séance, notre but sera d'améliorer en priorité notre maîtrise « d'être ce que nous faisons ».

De plus, nous remarquerons très vite des progrès en privilégiant la qualité de nos entraînements, plutôt que la quantité et la répétition mécanique. Et ce, simplement parce que notre travail s'organisera depuis la vraie racine, *l'être*. Et, en changeant nos mauvaises habitudes, nous donnons l'opportunité à notre corps de se transformer tout naturellement, en respectant le vrai rythme. En modifiant notre corps, nous nous offrons le luxe d'une vie nouvelle, régénérée d'occasions de bonheur.

Si nous assistions ensemble à une pièce de théâtre ! Le rideau rouge se lève, le spectacle commence, mais le tout se résume à un somptueux décor. Il est évident que nous n'allons pas tarder à nous ennuyer prodigieusement, car il nous manque la vie, les comédiens.

Trop souvent, lors de l'entraînement, je « mécanise » et, très vite, je m'ennuie, mes « comédiens » me manquent, ils sont l'expression de mes émotions, de mon enthousiasme.

Si nous voulons un spectacle d'une plus grande qualité, ce sera mieux et nous y parviendrons davantage avec un très beau texte. Quelles sont et où sont mes pensées quand je cours ?

Enfin, la *qualité* d'un metteur en scène, c'est de savoir tirer le meilleur du texte, des comédiens, du décor. Si je vise l'excellence à l'entraînement, il me faudra ce metteur en scène talentueux, qui sache tirer le meilleur de ma tête, de mes émotions, de mon corps. Et ce metteur en scène, c'est moi-même.

Qui en effet mieux que moi peut tirer le meilleur de mes gestes, de mon enthousiasme, de mes pensées ? Qui peut seul ressentir la force naissante du vrai changement, celui qui me porte avec allégresse à m'aimer sincèrement pour ce que je suis ?

Maintes fois, quand nous bougeons notre corps, nous le faisons en contractant beaucoup trop de muscles inutilement. La

Vie nous a offert à tous le cadeau de ressentir et pas seulement à l'athlète étoile, au danseur étoile, ou au yogi étoile. Notre façon d'aborder notre quotidien, nous a malheureusement rendu sourd à ce que nous ressentons vraiment au tréfonds de nous-même, que je nomme le « ressenti des profondeurs ». Nous prenons conscience de sa présence, seulement quand nous éprouvons de la douleur ou des tensions musculaires.

Quand nous étions enfant, nous exprimions encore l'essence, le sentiment, nous ressentions en notre corps le principe de vie avec joie et liberté, comme si nous dansions dans nos tissus cellulaires. Puis, d'une part, nous avons commencé à refouler nos émotions et d'autre part à mécaniser notre relation avec notre corps, oubliant le respect de la Vie en nous.

Prenons du temps, autorisons-nous à vivre le lâcher prise, à nous abandonner à cet empire merveilleux de la sensation. Écoutons de partout ce corps qui pétille, qui fourmille dans une effervescence sublime de ses cellules. Imprégnons-nous de cette chaleur, comme les grains de sable du désert se sont enrichis des bienfaits des rayons du soleil, ou encore comme une éponge s'imbibe d'eau.

Ouvrons-nous à accueillir ce cadeau si précieux de la Vie qui célèbre le corps et du corps qui célèbre la Vie. Comme le jour et la nuit se succèdent, réapprenons la sagesse de l'alternance. Accordons-nous ces pauses qui privilégient l'écoute de nos racines ! Sentons toutes les fibres de notre être vibrer de ce miracle qu'est la Vie. Et laissons enfin cette force de Vie venir ressourcer notre potentiel vital.

Comme certaines techniques orientales le préconisent, il convient de ne pas placer la force statique dans notre musculature, mais de la transformer en un courant fluide qui, source de notre métabolisme régénère nos organes. L'action importante est bien là : renforcer notre flamme de vitalité !

Nous, qui vivons une course effrénée, émettant de la tension de partout, prenons un moment après une contraction, pour nous adonner avec plaisir au relâchement, pause miraculeuse qui nous permettra de capitaliser l'essence même de notre action, d'amplifier la vitalité de tout notre être.

Ma pause du jour, je viens de me l'accorder, avec cette deuxième longue promenade de ma journée afin d'oxygéner mes propos d'idées fraîches.

J'avoue que j'ai hésité longtemps à faire la grande boucle si superbe tandis que la pluie redoublait de plus belle. Et soudain, la Vie m'a crié avec intensité cette maxime somptueuse : *aucun moment n'est ordinaire !* Je suis le seul être humain au milieu de cette campagne détrempée, en face de moi, deux magnifiques lynx sont assis avec majesté et m'observent de tous leurs sens.

En un instant, je plonge au fond de ce rythme magique. Le temps s'efface pour céder la place à un espace vierge où tout peut recommencer, où la Vie écrit sa propre histoire.

Les lynx hurlent le silence de l'éternel Illimité, leur présence simple devient un hymne à la pure vigilance. Puis, comme s'ils avaient lu mes derniers récits de ce matin, ils s'ingénient à faire de l'élégance, princesse angélique de ces instants de magie.

Dans le seul fait d'être eux-mêmes, de se dévouer à célébrer le miracle de la Vie, les lynx traduisent tout un ballet de grâce et de séduction. Rien de trop, mais tout ce qu'il faut pour exalter la beauté, l'extase d'une virginité.

Je suis resté là, heureux, partageant avec mes hôtes improvisés la fortune de me propulser à des années-lumière de ce que nous appelons communément le temps, la montre, la réalité. Une fois de plus, mon cœur me faisait participer au langage de l'Univers : « Que c'est beau ! »

Mille mercis encore une fois ! En redescendant, j'étais beaucoup plus solide et fidèle à mon ancrage. Mutation autour de moi : la grisaille quelque peu monotone devenait une toile de maître qui m'étreignait les sens.

Des couleurs orange, là ou l'herbe était restée longue et tassée par la dernière neige, des couleurs jaunes qui jaillissaient de la mousse scintillante de gouttelettes argentées, des couleurs brunes qu'on distinguait au loin grâce à ces arbres nus et un vert jauni en raison des champs fanés.

Je regagne mon pupitre, le cœur réchauffé par le besoin généreux de donner à chaque lecteur une panoplie de résonances toutes particulières, grâce au charme fou des mots.

Des nuées d'inspiration confirment ce besoin vital de l'être humain de cultiver une relation amicale avec son intériorité, pour mieux laisser s'exprimer son abandon confiant à l'essence de toute vie. Ancré en elle, ouvrons une main chaleureuse vers les autres : nous pourrons alors de cette manière sortir de l'agonie d'une société devenue trop orgueilleuse.

Lors de *coachings* personnalisés de gens d'affaires, j'ai constaté régulièrement auprès d'eux, dans le cadre d'un travail essentiellement basé sur l'écoute de son *intelligence émotionnelle* afin de se « rassembler » dans la richesse du *moment présent,* le phénomène d'une perte de poids naturelle, sans aucune privation ou entraînement physique spécifique, une perte parfois impressionnante.

Et ce, simplement grâce au bénéfice du recentrage, pour exprimer ce que nous sommes avec cohérence, au sein de notre quotidien. S'offre alors la motivation d'un travail précis « ami/ ami », en cadence avec notre corps, qui nous permet de franchir le seuil d'une vitalité accrue, et d'acquérir une silhouette harmonieuse. Nous expérimentons ainsi la richesse d'un travail effectué « de l'intérieur vers l'extérieur », seule voie vers l'équilibre qui respecte la loi de l'Univers.

À l'opposé, la punition ou la contrainte renforceront ni plus ni moins l'état de mal-être sous-jacent. De plus, rappelons-nous que le point délicat du corps de l'homme est le ventre; nous avons par ailleurs souligné la quantité impressionnante d'émotions refoulées chez le « mâle », en raison de cette « fermeture », déjà décrite précédemment.

Je vous laisse le choix de méditer sur ce sympathique phénomène : nous constatons avec plaisir que des contemporains s'engagent de plus en plus nombreux sur ce chemin de « l'athlète de la Vie ». Dans notre société, par rapport au stress, un nouveau besoin a pris forme.

Le *wellness*, ou *bien-être*, préconise ce nouvel état d'esprit plus holistique : le mouvement, la relaxation, l'alimentation, s'harmonisent de façon complémentaire, pour permettre à chacun de vivre la responsabilité de son potentiel santé, en s'initiant intelligemment à découvrir ses ressources et à les protéger.

Ce concept innovateur ne se limite pas aux salles de *fitness*, aux gymnases, mais s'ouvre aussi à l'entreprise, à l'école, à la famille. Adopter une attitude saine, c'est se libérer de l'illusion, et de ce qu'elle nous fait subir. Au-delà d'un simple exercice physique, notre corps nous permet de vivre chaque instant. Plus nous resplendirons de cette unité originelle avec lui par ce fameux « ressenti », plus nous bénéficierons de cet "axe", inamovible et fiable, qui nous guidera, comme une boussole rassure le navigateur.

Grâce à une conscience affinée du corps, nous nous efforcerons de retrouver au quotidien cette position d'ancrage et de « verticalité », essentielle à la maîtrise de notre Vie.

Observez demain comment les gens se tiennent, au bureau, au restaurant ou dans le bus. En position assise, quatre vingt pour cent des personnes auront les jambes croisées, le dos avachi. Debout, elles seront en train de danser d'un pied vers l'autre, encombrées souvent de leurs bras, ne sachant qu'en faire, les épaules crispées.

Notre manière déséquilibrante de nous tenir met en avant, en lumière cet état tout aussi bancal de notre attitude intérieure, en manque de rigueur, d'équilibre, de fondement et qui est dominée par la peur. Elle fait ressortir cet inconfort qui nous amène souvent à nous excuser d'être là, avec la sensation de déranger.

Le premier réflexe à réapprendre pour se respecter soi-même et pour se faire respecter, sera d'ancrer fortement son corps dans cette fameuse verticalité. Et, à partir de cette position, nous pourrons affronter n'importe quel entretien. La seule chose à faire avant tout, c'est de s'offrir une assise stable pour pouvoir alors avoir un échange constructif.

Lors de votre prochain rendez-vous, que vous soyez assis ou debout, ancrez votre corps dans la verticalité et vous serez surpris de votre aisance, du respect que l'on vous accordera, simplement de vous être autorisé cela. Même si votre interlocuteur vous attaque verbalement pour vous intimider, vous resterez ancré dans votre corps, donc dans le *moment présent*. Cette tentative manipulatrice se retournera contre lui, tel un miroir, faute uniquement de ne pas prendre part à son jeu. « Dans la mesure où je me trouve ici, autant m'y ancrer de façon constructive. »

Comme l'arbre, pensez en premier lieu à vous offrir des racines solides et profondes dans la terre, ce seront vos pieds, ou vos fesses si vous êtes assis. Puis, l'arbre grandit par le tronc, celui-ci sera votre axe vertébral, et, enfin, sur ce tronc se posent les branches, votre tête bien maintenue, vos bras libres comme le vent. Cet axe, c'est le symbole d'une relation « corps ami », enraciné, détendu, qui vous ouvre le chemin de votre cœur, donc de *l'important*.

Plus vous aurez consacré du temps à instaurer cette écoute de la sensibilité proprioceptive de votre corps, propre à vos muscles, vos ligaments, vos os, plus vous percevrez clairement ces messages invisibles, accessibles à tous, que la Vie nous offre continuellement. Il suffit d'être réceptif. Et je vous promets que vous posséderez à ce moment-là le plus beau des dons, le don de ressentir le Vrai !

Aucune technique extérieure ne possède un pouvoir plus grand. Il vous met à l'abri de toute manipulation, et quiconque tenterait dans ces conditions de vous influencer se retrouverait aussi impuissant que ridicule, comme s'il était tout à coup complètement nu et désœuvré devant vous. Rien ne peut contraindre la force de Vie de l'être qui ose agir selon la véracité de son cœur.

Mettez en pratique dès maintenant et soyez attentif le plus souvent possible à l'ancrage de votre corps et à sa verticalité retrouvée. Cette conscience du corps éveillé vous transportera automatiquement au beau milieu du *moment présent*.

Initions-nous sans cesse à la maîtrise de cet axe de Vie qui allie fermeté et douceur et donne de l'élégance à toute posture, toute attitude mentale. Nous deviendrons plus assidu à l'égard de nous-même, quant à notre intériorité, à notre « ressenti des profondeurs », à notre corps, à la verticalité d'un enracinement au sein de l'instant.

Écouter n'est pas passif. De ce fait, comme par un délicieux coup de baguette magique, nous serons appelé à savoir entendre, à observer ce qui nous environne, notre entourage. Libéré de ces grosses lunettes déformantes de croyances erronées, tout prendra un autre sens pour nous. Nous remarquerons alors, sans aucun jugement, à quel point il est rare de rencontrer l'un de nos semblables, « rassemblé en son axe ».

Dans notre manière de vivre occidentalisée, nous avons perdu cet immense privilège, royaume de la force saine, de vivre depuis notre centre de gravité, entre le nombril et le pubis, le fameux *hara* des Japonais. Notre centre de gravité, à nous, les Occidentaux, pour la plupart, est situé dans le haut de notre corps. Nous sommes devenus essentiellement des « hommes de tête », complètement déracinés du point d'appui de notre équilibre, de notre ventre.

Combien de fois nous surprenons-nous à entendre des propos brillants, mais qui sonnent faux et paraissent vides, tellement ils ne manifestent aucune émotion ressentie profondément, coupés du cœur et du corps, nous qui sommes des êtres de chair ? Et, même si les arguments semblent logiques, ils ne parviennent pas à nous convaincre car il nous manque le fil d'argent de la confiance. Seules les paroles de celui qui les fait vibrer en harmonie avec son corps nous rassemblent à sa cause. Tout simplement parce qu'il croit, qu'il vibre, qu'il **est** chaque mot, respectant le principe d'engagement, d'union au principe de Vie.

Observez par exemple les hommes politiques occidentaux lors des cérémonies officielles, vous remarquerez qu'ils sont en première ligne, se mettent en avant, bien en vue, le haut de leur poitrine figée, torse bombé. S'il vous est possible de jeter un coup d'œil de l'autre côté, vous serez surpris de noter chez l'homme politique oriental, une attitude tout à fait différente ; ce dernier est « rassemblé » au sein de son hara, ancré dans l'instant, discret, mais tellement présent et à l'écoute. Il est serviteur de la Vie, donc de son corps et ne le rejette guère comme un quelconque beau jouet mécanisé. N'oublions jamais les racines qui nous permettent de nous grandir avec élégance, du bas vers le haut, afin de pouvoir agir sans aucune rigidité, libre, détendu.

Ceci nous ramène à la respiration, ce lien essentiel à la Vie. Trop souvent, elle est donc aussi « remontée », se figeant dans le haut du thorax. Si l'on observe un bébé, il respire tranquillement par le bas-ventre, sans penser à devoir bien respirer. Une respiration harmonieuse, donc régénératrice, consiste à « se transformer en celle-ci », à *être* la respiration.

Encore une fois, la majesté de la Vie nous a offert un corps qui *sait*, qui connaît. Laissons-le agir comme il se doit, mais pour cela, donnons-lui les conditions idéales pour qu'il puisse s'exprimer librement.

Notre existence se déroule dans cet état de course perpétuelle, de surdose d'actions, de réactions, de réflexions, et nous surchargeons notre corps d'excitations nerveuses qui contractent la musculature encore davantage. Dans cet air d'aller, nous respirons continuellement avec un rythme rapide, déréglé, chaotique, et nous nous crispons de plus en plus. Le corps intervient alors, nous parle de nouveau par l'intermédiaire d'autres tensions.

Pour illustrer mon propos prenons l'oesophage, par exemple : ce long tube est constitué d'un tissu musculaire, dont le rôle est d'avaler les solides et les liquides, il se contracte progressivement sur toute sa longueur, victime de cette hérésie. Cet organe, dans lequel se cristallise la peur, se crispe à tel point qu'il peut même nous empêcher d'avaler à certains moments, ne serait qu'une simple bouchée.

Au réveil déjà, nous décidons inconsciemment de participer à un marathon. Lorsque nous courons, ayant besoin d'un surcroît d'énergie disponible, nous provoquons l'interaction de certains phénomènes à l'intérieur de notre corps pour « performer » : production d'adrénaline, accroissement du rythme cardiaque, augmentation de la tension artérielle, contraction des vaisseaux sanguins, accélération du rythme respiratoire. Tout cela parce que le sang en mouvement privilégie l'action, donc la musculature.

Nous vivons dans un éternel stress, tout à fait positif en pleine course, mais ô combien destructeur quand je suis en train de travailler sur mon ordinateur, de conduire ma voiture ou de lire un dossier. Dans cette situation, il conviendrait de diminuer tous les paramètres précédents, d'offrir à mon corps un ralentissement pour qu'il puisse se régénérer en profondeur. Autant se faire que peut, pour effectuer des tâches le moindrement sédentaires, utilisons un minimum de contractions et de dépenses nerveuses.

Pour atteindre cette maîtrise, découvrez le passage secret que constitue une respiration des entrailles. Si je sais m'écouter respirer, je pourrai à tout instant désamorcer la bombe du stress subi qui ravage mes cellules.

Autorisons-nous souvent, au cours de notre journée d'activité, des périodes régénératrices pour recentrer l'être, périodes pendant lesquelles nous allons nous adonner à de longues expirations afin de dénouer cette frénésie respiratoire qui nous emprisonne et nous resserre tel un étau.

Expirons tout simplement pour redonner au corps l'opportunité d'enclencher le vrai rythme ! Donnons-lui cette chance, en brisant le rythme du faux tempo du monde, de l'illusion, de la pression...

Cela paraît tellement simpliste que nous offrons une grande résistance à l'adopter. Mais, en cette période où nous atteignons le firmament de l'ingéniosité technique, il nous faut redécouvrir les choses essentielles qui nous permettront alors de mieux utiliser notre technologie de pointe, de mieux la maîtriser, c'est-à-dire, d'être libéré de ses contraintes néfastes.

Dans cet ordre d'idées, j'aimerais mettre l'accent sur trois éléments, trois « mots actifs » qui permettent à tout moment de vivre en son corps la richesse de l'« ici-maintenant ». Que ce soit au stade, au bureau, en examen, sur scène, en voiture, se répéter ces outils, c'est déjà les faire vivre : « Ancrage, expire, simple ». Eh oui, simplifiez tout, « simple », enlevez tout ce qui est inutile, les fioritures de l'ego, mais gardez matière à penser, donc à vous distraire, à *n'être plus* le geste et l'instant, au détriment du *bien faire*. « Simple ». « Tout simplement ».

Respirer, c'est vivre.

Pourquoi ne pas reposer vos yeux ? Je vous propose un moment de vous évader des contraintes de la lecture, même si elles sont bienfaisantes, pour expirer et « vivre l'axe » : le bonheur simple, en somme.

Les paupières closes, je me retrouve avec entrain dans mon ancrage, comme si c'était une première fois. Je mets en place ma verticalité. J'appuie la paume de ma main droite sur le bas de mon ventre pour bien ressentir le mouvement. *Je suis* le mouvement. Et, à mon rythme, calmement, sans forcer, j'effectue une expiration profonde, en laissant mon ventre rentrer, revenir à l'intérieur, à ce point clef. Puis je laisse faire la nature, l'inspiration naturelle, mon ventre sort tout seul.

Je *vis* une dizaine d'expirations profondes, je m'apaise, j'offre un chemin vers mon cœur, vers l'être, vers mon axe. Je suis le rythme vivifiant de la Vie. Je suis affectueusement lié à moi-même, au bonheur d'être.

Quand j'en ressentirai le désir, je me consacrerai très paisiblement à ma « reprise ». Vous avez entre les mains un outil précieux. Servez-vous-en dans votre quotidien, avant, pendant et après une activité intense.

Au fil du temps, votre rythme respiratoire en sera amplifié en qualité, donc votre vie en resplendira d'autant plus.

Choisir « d'agir » au lieu de « subir », cela commence déjà par ces choses très, très simples, sur lesquelles nous pouvons nous transformer dès maintenant, de l'intérieur vers l'extérieur. Grâce à cette « saine attitude », celle qui vibre en tout, nous augmenterons pas à pas notre rayon d'influence.

Je tiens à vous encourager, du plus profond de mon être, à vous accorder, à vous aussi, ce mot magnifique pour clore une activité, qu'elle soit physique, intellectuelle, ou autre. Nous nous sommes interdit trop longtemps ce moment de retour sur soi au cours duquel nous laissons pénétrer au tréfonds de nous-même les merveilles créatives de nos actions. Dites-vous simplement « merci ». Que ce soit après une sortie de ski, un jogging, un exposé, une soirée amicale, une thèse, s'imprégner du bonheur de l'avoir fait.

Réapprenons à recevoir. Le but de notre vie n'est pas de nous « mater » ou de nous « dresser », mais tout naturellement *d'être*, c'est-à-dire de libérer le potentiel infini de notre intelligence et de notre cœur. Prenons le temps précieux de laisser vibrer en nos cellules ce bien-être. Nous ressourcerons notre corps, donc notre vitalité. Revigoré et confiant, nous pourrons ensuite nous concentrer sur une autre activité.

Pour en terminer avec le corps et les privilèges d'abondance dont il nous fait hériter, voici quelques mots sur l'alimentation.

Placez le plaisir avant toute contrainte ! Déculpabilisez-vous, assouplissez votre attitude sur ce sujet ! Partout on nous envahit d'expressions de ce genre : « C'est bon pour la santé. » « Seulement le matin. » « J'ai lu que cela était déconseillé. » « Ah, ça non, je vous l'assure. » « Des protéines à tous les repas... »

Les bibliothèques regorgent de méthodes innombrables qui entraînent de multiples controverses et nous conduisent au milieu d'un labyrinthe de questions.

Je trouve intéressant et rassurant qu'il y ait autant de formules vraiment efficaces par surcroît. Pourquoi ? Car cela confirme à nouveau à quel point nous sommes différents. Ce qui permet à l'un de retrouver force et vitalité, reste désolation complète pour un autre.

Et voilà un autre point positif à considérer, cela démontre un intérêt grandissant à prendre plus soin de soi. Mais, de grâce, arrêtez ce combat contre votre corps, contre vous-même, à rechercher une solution miraculeuse ! Sinon, vous resterez prisonnier de l'illusion et cela vous fera encore plus mal.

Au fond, le but de vivre, c'est d'être heureux. Réapprenons d'abord que de prendre un repas, c'est un acte de plaisir, c'est de l'émotion pure. Ce qui est dramatique, c'est de conserver cette attitude de résistance qui juge, qui calcule en calories chaque aliment, qui transforme ce moment privilégié en une lutte violente et insupportable. Le résultat qui s'ensuit logiquement, c'est de la frustration et la preuve que nous sommes trop gros.

Enlevez vos lunettes déformantes ! Je ne vous dis pas de vous lancer tête baissée et de vous permettre de vivre tous vos fantasmes alimentaires au nom du plaisir. Revenez d'abord à la case départ ! Osez commencer à vous aimer sincèrement, à prendre le chemin de la découverte de votre axe. Tout changement se produit d'abord au centre pour se traduire ensuite à l'extérieur. C'est là le pragmatisme de la Vie sur lequel nous pouvons compter.

Nous refusons trop souvent de croire au changement, car, d'une certaine façon, nous ne voulons pas voir. Apprenons à regarder en face les choses dans leurs profondeurs et s'ouvrira alors une nouvelle voie, généreuse et aimante. Ne nous précipitons pas à 12 heures précises pour manger en vitesse une nourriture préparée rapidement, que nous avalons mécaniquement, en compagnie d'autres gens qui mangent tout aussi vite. Tout cela car nous l'avons appris ainsi, c'est comme ça, ça ne changera pas, et que notre tête nous dit soudain qu'il est l'heure de manger.

Prenez le temps de manger. Redécouvrez et écoutez les besoins réels de votre corps, et non les croyances de votre tête. Et, si vous n'avez vraiment pas le temps de prendre une collation, choisissez avec le sourire de ne pas aller manger. Profitez de ce quart d'heure pour vous « rassembler », pour déguster un simple fruit ou un verre d'eau fraîche.

Pour une fois, sortez des rails illusoires de l'habitude ! En revanche, quand vous bénéficiez de temps, créez le cérémonial, le cadre, l'atmosphère, les mets naturels ! Appréciez la Vie !

Ce qui détruit le corps, ce n'est pas ce que nous ingurgitons, mais c'est notre manière de penser que cet aliment est un poison et qu'il va nous détruire. Comme pour le reste, manger consiste à nous réunir « tête, cœur, corps », dans ce que nous faisons. Et, à ce moment précis, vous remarquerez tout naturellement que vos goûts pour les aliments auront aussi changé, sans pour autant devenir ennuyeux, sans plaisir, bien au contraire.

Faites l'observation suivante à savoir que, régulièrement, certains vêtements de votre garde-robe ne vous attirent plus, car vous avez changé. D'autres s'offrent à vos nouveaux besoins. C'est un processus naturel. Seul votre mental y résiste et remplit alors d'autres armoires de ces tenues qui vous resserviront peut-être un jour...

Lâchez prise par rapport à l'une des plus grosses culpabilités que l'on s'inflige. Manger n'est pas mal, tout au contraire !

J'ai pu constater auprès d'un grand nombre de gens de différents âges qui se sont mis à pratiquer quotidiennement l'acceptation du changement, s'en faisant un allié, en réapprenant tout simplement à être eux-mêmes. Sans rien brusquer, ils se sont mis à perdre du poids et à recevoir de plus en plus d'énergie de Vie. En abandonnant leurs croyances malsaines qui les emprisonnaient, la place devenait alors libre pour en accueillir d'autres plus vivifiantes.

Il existe d'autre part une multitude de personnes qui combattent « en dehors » quelque chose qui se trouve à l'intérieur et qui crie « au secours ».

Écoutez votre corps, écoutez ce que vous ressentez quant à votre manière de vous alimenter ! Faites ce pas de géant, apprenez à « Vivre grand » et vous serez amené à éprouver une tendre complicité avec votre corps. Vous arriverez enfin sur ce territoire magnifique où « tout est possible » pour celui qui croit en ses capacités infinies, qui a foi en la Vie et la respecte.

Grâce à ce lien amical avec le corps, vous n'aurez plus de craintes, vous lui donnerez vie par l'expression sincère de vos sentiments.

Méditons sur cette riche observation de Dan Millman : « En changeant nos habitudes, nous changeons notre corps, en changeant notre corps, nous changeons notre vie. »

Lors de mes cours d'art dramatique parisiens, où nous travaillions l'être avant tout, j'ai pu découvrir que la racine de l'expression de mes pleurs était la même que celle de mes rires. Nous ne jouons pas nos pleurs ou nos rires, même sur scène ou à l'écran, c'est notre corps qui tressaille et leur donne vie.

Ceci m'a permis de comprendre que, physiquement, les rires ou les pleurs viennent de la même racine, du ventre, permettant au corps de déverrouiller sainement les obstructions.

Commençons par le rire, qui nous est plus accessible, apprenons à le transformer en pleurs, puis en rires, et ainsi de suite.

Les rires, comme les pleurs, libèrent la fluidité d'une énergie retrouvée. Ils nous proposent surtout, par l'entremise de notre chair, de brûler les scories du passé.

Ne voyez pas dans le fait de pleurer quelque chose de négatif et d'interdit. Vivre pleinement sa tristesse, c'est s'ancrer au plus profond de ses racines et trembler de tout son corps.

Notre cœur est très intimement lié avec notre corps. Nos larmes sincères assouplissent notre cœur, donc notre corps. Le contraire paralyse encore plus nos muscles, cadenassant l'essence de notre être. Ouvrons le traître cadenas qui nous empêche de respirer normalement, donc de vivre en paix. Les pleurs sont perçus comme une douche bienheureuse, une jouvence qui suscite la joie de l'être. Comme nous l'avons vu précédemment, ce qui est néfaste dans l'état de tristesse, c'est le refus de la ressentir et de fermer les yeux au besoin violé.

Rire, pleurer, c'est simplement vivre notre « état d'être », sans aucune interprétation, sans aucun jugement. Pourquoi vouloir se contraindre à refuser ce que la Vie nous offre de façon privilégiée ? Chaque fois que je me suis laissé aller à vivre depuis mes entrailles, mes chagrins ressentis, j'ai gagné des mois additionnels de vie, enveloppé par cette myriade d'énergie salvatrice.

Ressentir ce bien-être indéniable qui fait bourgeonner le corps d'une multitude de sensations nouvelles et me rendent tour à tour encore plus léger, plus libre. Et si vous argumentez à savoir que je ne respecte guère ma virilité, je vous répondrai par un immense éclat de rire. Car, que c'est bon d'être ancré au plus profond de soi, épris d'un sentiment d'éternité...

La voie de l'être sera toujours la plus belle, elle qui est l'ambassadrice du bonheur. Le Vrai. Je ne me soucie pas de ce que les autres pensent. Le repère éclairant ma Vie devient celui qui vibre dans toute chose. Le pouvoir de l'authentique m'amène au cœur de l'Univers. J'appartiens à la patrie de l'Amour, du cœur, car j'en ai décidé ainsi. J'appartiens à la Terre !

Où que je sois, je ne suis qu'Unité, cherchant à œuvrer depuis cet axe de l'essentiel. Là où d'autres se barricadent d'interdits et de règles pour faire régner leur puissance, je choisis la règle d'or qui ne cherche que l'unification, celle de l'Amour. Sans porter de jugement, je comprends que ces personnes sont persécutées par les divisions, à cause d'un état de peur qui croît sans cesse.

Tout naturellement, je me consacre à mettre en pratique, jour après jour, ce besoin constant de me « rassembler », de m'accepter comme je suis aujourd'hui. Je deviens dès lors un serviteur du pouvoir de l'être, de l'abandon total à la confiance qui gouverne la Vie. À cet instant seulement, je suis en mesure de faire déclencher des déclics chez l'autre et de l'ouvrir ainsi à de multiples possibilités.

Grâce à des actes d'abord, nous éviterons des flots de paroles inutiles et vaines. Trop souvent, les mots qui sortent de notre bouche travaillent à notre destruction. N'étant pas centré en notre être, nous perdons le contrôle de notre langue perfide et nos phrases exercent alors malheureusement un impact négatif.

La première des choses à faire, c'est d'arrêter les vains bavardages, les critiques, pour nous engager de tout notre être à défendre la cause la plus noble : *œuvrer pour ce qui est vrai.* « L'athlète de la Vie » est celui qui construit sa force autour de la cohérence de ses actes et de ses dires. Et, à partir de ce moment-là, cet être réunira les personnes tout naturellement car elles auront la motivation de le suivre.

Le but n'est surtout pas de vouloir que l'on nous suive, mais de nous consacrer simplement à être nous-même à tout instant. Ramenons seulement le sourire sur les visages de ceux qui nous entourent, offrons-leur la possibilité de croire à nouveau en eux, en leurs projets, de reprendre joyeusement ce somptueux pèlerinage, qui est de vivre sa vie. Devenons ce nomade bienheureux qui exprime le bonheur à chacun de ses pas, le cœur léger et reconnaissant.

Grandir

Il se trouve une terre d'accueil privilégiée où nous pouvons nous rendre en tout temps pour communier avec l'intensité vibratoire de la Vie. Ayons l'audace de fusionner avec la nature qui représente cet endroit de béatitude.

En elle, nous glisserons avec plaisir au beau milieu de l'instant. Tout devient harmonie à son contact régénérateur. L'expérience citadine nous a éloignés de cette sagesse. Ce déséquilibre a donné naissance à ce mal-être qui nous place dans la position de refuser toute solitude.

Combien de fois nous bornons-nous malgré nous à vouloir amplifier notre niveau d'énergie en recherchant dans des stimulants extérieurs, tels le café, les cigarettes, l'alcool, voire d'autres drogues, ou le *shopping*, à combler ce vide intérieur ? Ces dépendances apportent un bienfait de courte durée, mais aussi une accoutumance toujours plus grande qui mine notre organisme.

D'un autre côté, nous avons pu observer notre intérêt pour ces joutes verbales manipulatrices, visant à faire plier l'autre à notre point de vue. Tout cela entraîne de stériles échanges qui ouvrent la porte aux querelles, à la division. Somme toute, quand nous gagnons l'approbation de l'adversaire, nous nous sentons un peu mieux, mais à quel prix !

Sachons que Dame Nature, elle, nous offre en toute gratuité son empire de sagesse, sa haute qualité d'écoute. Permettons-nous de profiter de sa quiétude et de sa beauté pour nous élever au-dessus de la petitesse de notre monde de confusions et de jalousies.

La Nature connaît, vibre fort et nous lègue beaucoup d'énergie d'une pureté rare. Elle virevolte d'aisance à répéter indéfiniment la loi qui gouverne l'Univers, crée toutes choses, et nous permet *d'être*. En s'enivrant de sa générosité bienfaisante, nous récolterons les fruits mûrs de la rencontre avec la vérité, que le silence chuchote sans cesse.

Il faut une énorme dose de courage pour déambuler sans artifice au sein de son rythme parfait. Car la Nature ne triche jamais, elle est vraie. Elle est l'impératrice de l'honnêteté.

La Nature ne fera jamais une courbette d'hypocrisie. Elle n'existe pas pour faire plaisir à notre ego, elle **est**. À sa rencontre, nous ne pouvons nous fuir. C'est le plus noble des miroirs. Elle nous renvoie exactement tout : notre beauté, notre grandeur, mais aussi nos malaises, nos illusions, nos mensonges, notre lâcheté.

Avant d'oser aller vraiment vers elle, je la visitais à pas saccadés du désir de la fuir, de me fuir. J'étais sourd et aveugle à son appel, à sa miséricorde. Harnaché d'un baladeur, je fermais mes oreilles à toutes ses symphonies qui chantaient le miracle de sa création. Je *sprintais* au travers de celle-ci en portant mes grosses lunettes déformantes, refaisant encore et encore des observations de mon existence, que je croyais objectives. En fait, lors de ces réflexions, je jugeais que la bonne fortune m'abandonnait régulièrement.

Prisonnier de mes pensées erronées, je fuyais constamment mes retrouvailles avec l'instant magique. Pour me donner bonne conscience, j'interprétais la Nature comme un univers sympathique, mais si ennuyeuse qu'il me fallait vite courir à nouveau dans le monde, dans l'excitation de la ville.

Je jouais à ce jeu très malsain de tenter de me persuader que moi, je vivais ma vie. Mais mon existence était un monde de bruits et de mondanités où les personnes de mon entourage ne s'aimaient guère plus que moi et souffraient avec autant d'acuité. Aussi donnions-nous le change et faisions-nous semblant ensemble d'entrer dans le jeu. Cela nous réconfortait l'espace d'un moment bien furtif.

Au fond, ce que je ne parvenais pas à supporter, en restant trop longtemps plongé au cœur de la Nature, c'est cet immense silence qui ne vous accorde aucune porte de sortie. Il vous place, en un battement de cœur, là où vous en êtes vraiment. C'est la franchise absolue. Le héros que je prétendais être chutait de son piédestal préfabriqué pour s'écraser le visage, pleine face, dans la boue.

Cependant, dès que vous êtes tombé, la Nature est là et elle sera toujours là pour vous accueillir, vous écouter, vous prendre comme vous êtes. Elle a tout le temps. Jamais elle ne vous brusque de « il faut, tu dois ». Mais, le moment venu, elle vous pousse quand même fraternellement dans le dos.

J'aime beaucoup cette délicatesse maternelle de la Nature. Elle vous aime vraiment comme son enfant chéri, et, dans ses robes merveilleuses de différences, de mobilités, de sourires, de luminosités, nous recevons à profusion la vitalité de cette force qui l'anime. Et, de plus en plus fréquemment, j'aime m'étreindre en sa clarté, non sans un brin de malice enjouée.

Une fois par semaine minimum, prenez ce rendez-vous espiègle avec la Nature, lors d'une balade à travers ses perpétuelles romances. Caressez tendrement de vos doigts curieux les pétales d'une rose épanouie. Laissez fleurir en vous des attitudes différentes. Elle met à notre disposition toute sa grâce pour nous amener à vivre notre réconciliation avec notre cœur.

Réconforté par sa présence, j'aime oser me mettre en face d'autres réalités intérieures qui tracassent mon être. Ceci me permet d'aller un peu plus loin pour affronter le tourbillon de mes ombres, de cet amas de pensées malsaines, et de transmuter le tout en un élan d'énergie créative. Je peux aspirer aussi à vivre la tendresse infinie de ressentir cette union avec le Grand Tout.

Par exemple, après une journée d'activités et de trépidations, j'aime me laisser séduire par le charme féerique d'une promenade nocturne sous les étoiles. Quittant l'ambiance impersonnelle de la ville, avec toutes ces lumières d'écrans de télévision allumés tard dans la nuit, je pénètre enfin avec reconnaissance au sein du vrai rythme d'une somptueuse soirée solitaire sous la voie lactée.

En fait, dès mes premiers pas, je m'unis avec ferveur à cette douce intimité. Le vent récite avec clarté le sourire de l'instant et fait frissonner de ses caresses toutes les feuilles des arbres réunis qui se dressent fièrement.

Je m'enivre des parfums de la nuit qui dansent sur le pourtour de mes narines. La Grande Ourse éclate de rire en scintillements rassurants. Les grenouilles entonnent en chœur le chant de cette vie noctambule, rythmé et ponctué par le hululement d'une chouette.

En suivant une cadence régulière, avec nonchalance, mais non sans élégance, la lune offre son pas de danse à celui qui, le cœur aimant, daigne le recevoir. Puis, je rentre à la maison pour glisser dans mes draps chauds, heureux, régénéré, rassuré, libre encore une fois. Merci à la Vie de pouvoir jouir d'autant de beautés !

J'aime aussi faire le grand saut au pays du silence, de toute une nuit dédiée aux belles étoiles, seul, niché sur le sommet d'une montagne, retrouvant toute l'humilité de cette solitude.

En effet, dans ces instants perdus, loin de tout, je me donne l'occasion de mieux savoir qui je suis. Tout revient à sa vraie place. Tout à coup, je prends conscience de la petitesse de mes soucis quotidiens, par rapport à ce géant qu'est l'Univers.

En me mettant à ses pieds, sans aucune prétention, j'ai la chance de me redresser de cet état de petite misère vers la sensation d'une plénitude délicieuse.

Puis, le petit jour m'accueille doucement à sa table généreuse, où les surprises s'amusent à venir étonner ma candeur réapprivoisée. Et je redescends les flancs de la montagne, toujours surpris de cet état de pure vigilance qui m'unit au rythme de la danse de la Vie.

En effet, je ressens très clairement la présence gigantesque du silence de la Nature, mais, malheureusement, cette sensation d'unité et d'harmonie diminue progressivement : un premier randonneur rencontré, un berger et son troupeau, un groupe de gens travaillant le bois, d'autres encore, puis des échanges plus verbaux, la voiture, la descente graduelle dans la vallée. Le tourbillon extérieur grandit et s'intensifie aux portes de la cité. Il gronde enfin au milieu de la ville, avec les voitures qui bougent tout autour en dysharmonie. Comme nous l'entendons fortement ce cri de détresse et de souffrance, avec l'immense recul que nous avons pris.

Pour clôturer cette expérience, afin de bien s'initier au « ressenti », aux différentes perceptions vibratoires, je vous conseille vivement de pénétrer dans un centre commercial, en pleine heure de pointe, pour vous amuser jusqu'au bout. Vous ressentirez avec d'autant plus d'intensité cet élément prétendu invisible qu'est l'énergie. Vous percevrez nettement qu'elle fuse dans tous les sens, percutant, se cognant, se divisant avec une violence certaine.

Restez ancré dans votre bulle de protection, observez, apprenez à mieux vous connaître, à disséquer ce brouhaha de turbulences ! Et les courageux, les mieux entraînés, peuvent encore jouer leur carte de *joker*, et se rendre à la discothèque ! Tentez de garder votre axe, la caricature de la différence se déshabillera sous vos yeux. Le malaise criera plus fort la fracture à l'état brut, avec grand fracas.

Vous pouvez simplifier l'expérience : au retour d'une grande balade à la campagne, prenez le temps de découvrir où se trouve la résonance sincère de l'axe de votre cœur avant de vous replonger dans votre agglomération.

En partageant la présence régénératrice de la Nature, nous nous donnons la permission de croître au rythme de la Vie. En aimant la Nature, nous apprendrons à nous aimer. Célébrons cette union, buvons aux torrents de ce paradis, vivons la confiance retrouvée !

Nous sommes alors sur ce chemin béni, où nous cristallisons notre être d'une splendeur jadis égarée. Les brouillards du doute se dissipent, entrons dans la lumière de l'instant magique ! Nous nous transformons et devenons ce magicien qui crée le beau où qu'il soit !

Goûtons ce délicieux élixir qui s'appelle vivre ! Les petits plaisirs deviennent les plus grands : l'odeur du café dans une pièce où point la clarté du jour naissant, le parfum que la rose offre gracieusement, l'éclat du regard de l'enfant, les rayons de soleil perçant un ciel nuageux et lourd, les gloussements joueurs d'une petite rivière de montagne, une brise délicate et vivifiante qui s'évanouit sur nos joues, la chaleur d'un feu de cheminée, la joie de s'endormir dans les bras de l'être aimé, le son d'une voix, la richesse d'une absence, le bonheur d'une présence.

Nous vivrons simplement le charme de la Vie, qui n'est alors que parfum de rose et clair de lune.

Sachons utiliser nos atouts pour mieux aborder notre quotidien. En plus de ce besoin essentiel de m'imprégner le plus souvent possible du milieu naturel, j'apprécie les bienfaits de pouvoir sortir de mon environnement habituel pour me consacrer à tout projet important. Si nous désirons nous donner l'inspiration nécessaire afin de répondre à nos interrogations, ce retrait est vital pour ouvrir les portails de nos limitations, de nos habitudes et de nos cloisonnements.

C'est rarement entre les quatre murs de notre bureau habituel, où nous répétons à n'en plus finir les mêmes gestes pour répondre aux urgences en attente, que nous pouvons escompter un résultat intéressant en ce sens. Cependant, c'est au sein d'une atmosphère conviviale, avec la sincérité comme seul objectif commun, que j'ai bénéficié, en compagnie de mon partenaire de travail, d'une qualité et d'une richesse d'échanges inégalables.

Cela représente à mon avis une forme d'investissement primordial et indispensable à accomplir régulièrement. Et, où mieux que dans la subtilité de la Nature peut-on partager cette harmonie inspirante ? C'est dans ce fief régénérateur que se rencontre alors une *intelligence émotionnelle* exaltée et un savoir rationnel efficace.

Je remercie cette Mère dévouée de m'accueillir tout le long de ces jours d'écriture, de me prendre par la main, de me guider au cours de ce voyage mystérieux, avec pour seule recommandation, d'être « ici-maintenant ». Dès lors, je suis disponible pour emprunter ce chemin qui ouvre l'expression de mon cœur. Et, comme toile de fond, mon ami le Vent, en rajoute : « Amuse-toi par tes mots ».

Je possède cette profonde conviction au plus intime de mon cœur que le plus important ne réside pas nécessairement dans le choix de chacun d'eux, mais le secret c'est de leur offrir une vibration, de les magnifier afin de leur donner une âme. La victoire du cœur, ce sont tout simplement mes mots qui chantent à l'infini la sérénade du bienheureux.

Et le bonheur, comme nous le répète sans cesse la Nature par ses actes, c'est de percevoir dans le changement notre plus fidèle ami. Le ciel, les étoiles, la lune, le soleil, le vent, les arbres, les baies, les biches le vénèrent à chaque instant. Les bourgeons décident un jour d'éclore, les feuilles en automne *flirtent* librement avec les rafales pour revenir à la terre...

C'est maintenant votre tour de « Vivre grand », de développer votre confiance jusqu'à l'audace et de faire ce pas de géant au sein de ce « déséquilibre si parfait » que l'on dénomme la Vie. Faites une pause et cherchez à retrouver certaines photographies clefs de vous, alors que vous étiez un bébé souriant, ou un enfant de sept ans ricaneur ; et pourquoi pas un adolescent vêtu de drôles d'habits, avec une coupe de cheveux originale, un je-ne-sais-quoi de changé dans l'éclat du regard ? Laissez-vous vivre à regarder ces clichés !

Puis, déposez-les et souriez-vous dans le miroir ! Quelle belle offrande vous vous faites... Revivez ces instants pleinement, eux qui tracent un certain cheminement de votre vie jusqu'à ce jour. Tout a perpétuellement changé, mais votre cœur est toujours là, fidèle, à donner vie à tout le reste, avec toujours cette même sensibilité généreuse qui ne demande qu'à procréer le beau, le bonheur, du fond de lui.

Vous faites aussi partie intégrante de cette continuité car vous participez à cette grande parade du changement qui gouverne le cycle de la Vie ! À partir d'une certaine époque, la croissance a changé de cap. Tout le début de notre histoire nous amène à accroître notre enveloppe extérieure, centimètre par centimètre. Puis une mutation plus subtile prend le relais, c'est la quête intérieure qui consiste à purifier son être, en grandissant petit à petit sur le chemin du cœur : l'évolution continue.

C'est la croissance de l'être et, par elle tout autant qu'avec elle, je façonnerai mon corps encore et encore. Même si je décide de ne plus faire l'effort de marcher en avant dans la direction de l'éternel mouvement, même si je choisis de m'arrêter, le temps, lui, continuera sa progression infinie. Et cette résistance à ce principe qu'est la Vie détruira à petit feu, ou embrasera l'enveloppe extérieure que représente mon corps.

J'ai le libre choix de perpétuer cette danse qui renaît instantanément, ou de mourir définitivement. Refuser ce rythme qui avance, c'est refuser l'intelligence qui gouverne l'Univers.

Ilya Prigogine, chimiste belge d'origine russe, scientifique et prix Nobel, a mis en lumière cette théorie du changement. Pour lui, et ses recherches le prouvent, le cerveau humain est un circuit ouvert, c'est-à-dire qu'il vit en interdépendance continue avec l'extérieur.

Au contraire, le circuit fermé, par exemple le moteur à vapeur, bénéficie de très peu ou pas d'échanges d'énergie avec l'extérieur et tout naturellement, il finit par s'user, puis s'arrête pour toujours.

Revenons-en au circuit ouvert. Plus il reçoit d'énergie, plus il rejette l'entropie, et plus il est alors bombardé d'une plus grande quantité d'énergie qui l'oblige à se reconstruire d'une façon plus complexe, pour survivre. Sa seule porte de sortie devient dès lors l'évolution.

Que nous soyons un individu, un groupe, une entreprise, nous n'échappons pas non plus à cette loi naturelle. Mais malheureusement, à quoi assistons-nous trop souvent dans le milieu des entreprises ? Nous nous enfouissons par exemple la tête dans le sable, telle une autruche, et nous refusons de voir la réalité. Par conséquent, nous nous plaçons donc hors jeu nous-même. Ou alors, prenant conscience du malaise, nous reprenons à puissance intensifiée cette recette (la sacro-sainte habitude) qui fut la réponse aux problèmes précédents, avec le résultat que nous connaissons déjà. Ce qui, en fin de cycle, peut parfois exploser avec violence quand la vague éclate naturellement.

Nous sommes récalcitrant à changer, nous refusons le mystère de l'inconnu, car nous vivons les temps présents avec des formules vétustes et périmées. Si l'homme s'était cantonné mordicus dans cette attitude erronée, il n'aurait par exemple jamais pu se rendre sur la lune.

Mais nous pouvons aussi changer, avoir l'audace de nous organiser suivant un nouveau schéma, sortir de la vague montante, quitte à créer nous-même un certain chaos, pour nous lancer à concevoir aujourd'hui un demain différent.

J'agis, je ne subis pas ma vie. Je m'entraîne quotidiennement à renouveler mon potentiel vital, dynamisé par la confiance de croire avant tout en ce qui est vrai, même si sur le moment cela ne me fait pas entièrement plaisir. Je respecte d'abord la vitalité.

Vivre, c'est choisir. Et choisir, c'est grandir. En m'enracinant dans la terre fertile du changement, je me construis solidement un avenir bienveillant.

Nous ne sommes que des enfants exilés, cherchant, grâce à nos choix de vie, à retourner au sein de la demeure « rassurante » de notre cœur aimant. Employons notre *intelligence émotionnelle* pour aider, pour aimer, pour construire ensemble un monde meilleur. Préférons ce choix de l'harmonie, au lieu de nous servir de notre intelligence pour critiquer, condamner ou manipuler, créant un narcissisme encore plus grand. Profitons de cette métaphore de manière à nous imprégner de l'essence du vrai.

Nous voici en ce moment sur la plage en train d'observer deux *surfeurs* dans l'océan Pacifique déchaîné. Le premier veut *surfer* le plus vite possible, bénéficier des joies de la glisse, des services gratuits de la vague, prendre le même plaisir que la semaine dernière où tout allait si bien.

En fait, il passe sa matinée à combattre l'océan, sans jamais pouvoir se hisser sur une vague. Il s'éreinte dans son obstination à vouloir mettre à ses pieds la force de l'océan, comme hier, alors que tout a déjà changé.

Le second, plein de gratitude, prend le temps de se centrer sur lui-même d'abord, d'écouter ensuite ce que veut l'océan, en osant ce « lâcher prise », complètement à son rythme, sûr de l'excellente éventualité d'une coopération.

Sur le qui-vive de l'attention pure à l'instant, il s'engouffrera royalement quand ce sera le moment de se hisser sur la vague, de s'abandonner à *être* la nouvelle vague, de jouir de cette glisse nuptiale, puis de « mourir » avec celle-ci, le cœur reconnaissant pour se repositionner à vivre une autre expérience.

Entraînez-vous constamment à changer, à vivre quelque chose de différent, sûr de vos capacités, en privilégiant le respect de votre axe intérieur. Faites le bon choix, celui de la Vie, de l'audace, du cœur qui sourit. Mettez-le en pratique avant tout dans votre existence en vous entraînant sur les choses prétendues insignifiantes.

N'avez-vous pas remarqué chez plus d'un ce casse-tête d'indécision quant à ce grand dilemme (qui devrait pourtant être si simple) de choisir un plat au restaurant ?

Afin d'être prêt à surfer sur les vagues, apte à prendre les grands virages, mettez chaque occasion de votre côté pour développer cet outil merveilleux qu'est le libre choix. La Vie amie prend soin de vous sans cesse et vous apporte son éternel réconfort.

Il suffit d'apprendre à lire entre les lignes. Si, par exemple, vous ressentez de l'ennui dans un domaine particulier de votre vie, le temps est venu de changer. Vous avez appris l'essentiel de cette expérience qui s'achève, mais le besoin vital d'évoluer vous appelle maintenant à oser vous orienter vers quelque chose de nouveau. Chaque fois que vous montez une marche de l'escalier de la Vie, vous vous enrichissez d'un surplus d'énergie. Il se passe alors un phénomène étrange qui vous propose de vivre une nouvelle expérience, laquelle vous amène à descendre encore plus profondément dans vos « ombres ».

En effet, vous êtes enfin prêt à affronter quelque chose que vous aviez refoulé jusqu'ici. C'est la raison pour laquelle au début, vous pouvez avoir l'impression que, plus vous avancez, plus vous êtes en quête de la vérité, plus vous construisez, plus la Vie vous donne des problèmes encore plus difficiles à résoudre. Ce n'est pas pour vous punir, bien au contraire, c'est la preuve de sa confiance infinie en vos possibilités retrouvées.

Rien n'est jamais acquis, l'évolution est permanente. Le but n'est pas de rechercher le sommet de la montagne, nous sommes déjà ce sommet, mais de continuer à chanter sans cesse la grandeur de la Vie, notre grandeur. Notre quotidien devient l'occasion de célébrer encore et encore cette spontanéité à l'instant enfin ressurgie du fin fond de nous.

Réminiscences soudaines de ces enfants hurlant le bonheur d'être et qui se précipitaient dans les champs enneigés de ce nouveau manteau blanc, lors de ma première soirée au village.

Il était plus de vingt et une heures et ils étaient là à se rouler, à jouer, à rire, participant encore une fois à cœur joie à ce miracle des premières neiges, un de ces miracles de la Vie.

Prêtons l'oreille à ce firmament d'instants vierges et purs qui se livrent à nous, pour retrouver nos ailes d'audace et nous élever là où se trouve notre vraie place : dans le cœur de toute semence où germe l'essence de toute vie.

Récolter

Être, voilà la plus belle des occupations ! En cette lumière douce du crépuscule, tout dévoué à cette solitude contemplative, je me réjouis de tressaillir aux rythmes colorés de ces instants. Je suis si loin d'hier, tellement en marge de demain, et si bien en ce moment d'éternité. Merci de ces précieux égards !

Que ces simples mots aient la gratitude d'éveiller votre cœur à ce désir de beauté, la vôtre ! Sachez vous émouvoir à l'appel de l'aurore, d'une première fois. Un bouquet de charme lucide vous surprend, vous submerge. Le secret se dévoile à vos yeux !

Le bonheur, c'est contagieux. Tout est déjà là, ne demandant que notre bon vouloir de jouir de l'instant. La récolte de joie émeut ce cœur en soi. Et puis ô surprise, prêt pour le départ, les craintes disparaissent comme la neige fond sous les rayons du soleil. Ce désir ardent d'avancer nous procure déjà la certitude du vrai retour, celui qui nous ramène au sein de l'euphorie de l'être. Par ailleurs, quelque chose d'invisible et de mystérieux s'amuse à débroussailler pour nous avec gratitude la route de ce parcours que nous appelons l'inconnu.

Dès le moment où j'ai lâché les rênes du contrôle de ma vie, j'ai maintes fois constaté et avec force, à quel point cette bienveillante organisatrice jalonnait ma voie et y semait des coïncidences salvatrices sur mon passage.

Combien de fois me suis-je obstiné à devoir me trouver à certains endroits, à enfoncer des portes ouvertes, à pousser pour me faire un destin, alors que tout restait statique et stérile ? Je me fatiguais, j'étais las et déçu, le doute s'emparait de moi, mais que pouvais-je y faire ?

En cessant de chercher en vain, la Vie a gracieusement permis que mes pas croisent sans cesse des rencontres fortuites pour me conduire chaque fois un peu plus loin, sans même que je le demande.

Toute cette orchestration se vit dans le plaisir et le bonheur de partager. Mon esprit est ouvert, m'offrant la chance d'observer en fait que, depuis le début de ma vie, l'organisation est merveilleusement assurée, miraculeuse. À tous les moments clefs de mon existence, ces tournants importants d'une vie, une main, un sourire, ont réconforté mon âme égarée, et, chaque fois, j'ai découvert au sein de l'inconnu une nouvelle opportunité vierge.

Dans le feu de mes souffrances, je n'avais pas le recul nécessaire pour me rendre compte qu'un fil d'argent prenait soin de tout et que telle personne, ou telle idée tissait tel projet en moi, ou représentait la sève d'une renaissance perpétuelle. Plus les années passent, plus j'ouvre grand mes oreilles, mes yeux, plus je suis à l'écoute de ce que je ressens au plus profond de moi, de mon « ressenti », tout à l'anticipation de découvrir avec réjouissance ces balises divines. Elles me chuchotent et me ramènent sans cesse à la grande sagesse de mon cœur, à ce besoin vital de lui faire confiance et de suivre ma voie.

À cet instant précis, le soleil envahit mon espace d'écriture, m'enivre l'âme de certitudes invisibles, mais si réelles. Ces clins d'œil de sa majesté la Vie sont les joyaux intarissables des poètes qui proclament son essence.

J'aime à vous rappeler cette rencontre hivernale entre ces deux superbes lynx venus de nulle part, et ma chaude solitude n'attendant que le silence. Dans cette optique, voici d'autres petits aléas sympathiques de la Vie.

Une personne en Afrique du Sud, inconnue, née le même jour que moi, me dévoile de précieux moments d'une grande richesse. Une coïncidence curieusement identique, de même inspiration, m'apporte les déclics nécessaires pour entreprendre ma carrière de formateur sur le plan international.

Une jeune femme, si belle, si chère à mon cœur, née un certain jour, celui du départ pour un nouveau voyage d'une autre femme qui m'était chère aussi, ma grand-mère. La séduisante inconnue rentrait dans ma vie quelque temps plus tard.

En gare de Lyon à Paris, en raison de la foule immense, je patiente une bonne vingtaine de minutes pour avoir un taxi. Je monte, concentré, je dois me rendre à un rendez-vous très important. Le chauffeur engage la conversation et me parle avec un merveilleux enthousiasme de son métier. Cet homme aime sincèrement les gens, il réconforte chaque jour des dizaines de personnes malheureuses, enclines à subir les événements, leur apportant de l'amour, de l'écoute. Je suis sorti complètement motivé de sa voiture, encore plus convaincu de mon message.

Merci la Vie ! Je ne parle pas de superstition, mais, avec une immense gratitude, de ce grand mouvement qui donne le rythme de toute vie.

Les signes jalonnent les pas de « l'athlète du bonheur ». J'ai pu constater depuis que toutes les personnes qui ont influencé mon évolution possédaient un point en commun lors de notre rencontre. Elles vibraient d'une expression amicale et me rappelaient chaque fois un individu sympathique de mon passé. Quelque chose dans le physique, la manière de se tenir, de s'exprimer, de rire, une façon de regarder, tous ces détails me criaient que je devais m'autoriser à vivre cet échange. Cette femme ou cet homme était à cet instant-là dans ma vie pour me faire accéder à une autre facette encore endormie de moi-même.

Être, connaître depuis l'axe de son cœur, c'est utiliser ce sentiment ressenti pour créer son lendemain. Si maintenant, par inadvertance, je me retrouve face à quelqu'un qui éveille cette sensation agréable, je me dois d'oser faire ce pas amical en direction du cœur de la Vie. Il n'existe pas de hasard, travaillons à nouveau à fertiliser toute opportunité !

Je me suis rendu compte aussi qu'un lieu, un quartier, une salle de conférence, une entreprise, un stade, pouvaient également m'interpeller et me rappeler un souvenir agréable. Chaque fois que je me suis laissé aller à choisir la « voie de l'être », ce que nous appelons la chance m'a souri amicalement.

D'autre part, quand je croise des personnes qui réveillent en moi des échos obscurs, rappel d'une expérience partagée, d'un être sombre et morne rencontré, ou encore un lieu, un bureau, un restaurant, vibrant de grisaille déjà connue, peu agréable; comme j'ai retenu certaines leçons attribuables aux désagréments de ce passé, je temporise fortement et je résiste autant que faire se peut à la séduction que l'on tente de me faire subir.

Dorénavant, si je suis confronté à ce genre de situation, je me pose les questions suivantes : « Est-ce que de vivre cela me permet d'évoluer, d'effacer une obscurité en moi ? Si oui, suis-je prêt à en payer le prix ? »

Dans la négative, je possède alors la conviction que nous n'avons rien à partager de constructif, donc je m'abstiens. Si je décide de m'engager, je le fais en protégeant avec respect et efficacité mon territoire vital, sachant que le coût en est grand, mais l'acceptant avec confiance dans le but initial de grandir et saisir cette occasion de dénouer quelque chose en moi de non résolu.

Grâce à cette complicité avec la Vie amie et bénéficiant du bijou du libre choix, mon voyage me permet de continuer avec foi cette mission sacrée d'épanouir mon être d'éclat.

Les signes font partie de la partition des symboles. Ce langage invisible a le pouvoir d'exprimer l'être à l'état de pure virginité, d'innocente candeur. C'est avec grand respect que chacun prendra soin d'écouter le langage de la Vie amie, le langage de son cœur ami.

Tout est possible à celui qui croit. Pas de lexique extérieur pour interpréter le mystère de son cœur. La même éternelle mélodie, celle de la Vie, chante à votre manière. La Vie vibre partout : dans le chant du rossignol, dans la langueur d'un chat, dans le ruissellement d'une gouttière, dans la chaleur d'une étreinte, dans le brasier du feu, dans l'odeur d'une terre labourée, dans le vol d'un milan. Partout le symbolisme de l'être, vibre et frémit.

Prenons soin de vivre la vigilance de l'instant, surtout de ne rien rechercher, ne rien attendre. Et peut-être alors, si la Vie le veut, nous plongeons, nous *sommes* tout simplement. Personne d'autre ne pourra jamais être nous par procuration. C'est une affaire d'intimité avec nous-même. Coopérons certainement, partageons continuellement et marchons ensemble sous cette voûte céleste de reconnaissance.

Le but de ces mots est de franchir, à notre rythme, de nouveaux paliers. Ayons cette délicatesse de nous extirper élégamment du marécage de nos fausses croyances !

Voici une autre porte. Je souhaiterais simplement l'ouvrir, vers autre part, en vous racontant quelques autres histoires vécues. Si votre intérêt grandit et que votre cœur le désire, franchissez-la et, vous aussi, accordez-vous du temps pour observer, dans votre vie passée, si ce genre d'aventures dévoilent une cause, pas si cachée que cela.

Il y a très peu de temps, j'ai enfin décrypté ce lien réunissant certaines mésaventures que l'on appelle communément blessures. À chaque échéance importante de ma carrière sportive, j'ai coupé par moi-même l'herbe sous mes propres pieds, entraînant ma chute. Mes croyances erronées de limitations par rapport à mon potentiel, ont créé le dérapage, au moment où la réussite aurait pu être accueillie avec joie.

Je me blessais juste avant, ou pendant, pas assez gravement pour handicaper ma présence à la fête, mais suffisamment pour limiter mes outils d'expression. Et je pouvais cependant très bien discerner, au travers de mes lunettes déformantes, ce point pervers qui ne manquait pas de m'apparaître quelque peu positif dans les circonstances : je bénéficiais alors d'une bonne excuse pour ne pas réaliser la performance optimale, à savoir de gagner ou de convaincre un jury.

Et, c'est vrai, la même chansonnette se répétait à mon égard, inlassablement cette même ritournelle entonnait ces notes fausses : « Ah, mais tu n'as vraiment pas de chance, cela t'arrive juste aujourd'hui, en ce jour si important » ! Et alors, attristé par ma mauvaise fortune, par cette occasion non saisie, je pouvais acquiescer qu'ils avaient raison, et c'était bien malheureux. En football, j'ai été plâtré aux deux poignets, juste avant deux finales, quittant cet emprisonnement forcé quelques jours avant les matchs décisifs. J'y participais, mais à soixante pour cent.

Je ne saurais vous dire combien de fois, mais il m'est arrivé souvent et, même si j'en ris aujourd'hui, je peux vous l'avouer en toute sincérité, je me suis fait de petites blessures, des élongations, des foulures des pouces, ce qui est bien ennuyeux pour un gardien de but pendant des stages de détection pour rentrer en sport études ou en centre de formation. J'étais là où j'avais toujours rêvé d'être, cela faisait partie de mon présent, de mon « ici-maintenant », où « tout est possible », le plus dur du chemin était déjà effectué. Il ne restait plus qu'à me faire plaisir, à le vivre depuis mon cœur, à apprécier ces instants magiques, à en vibrer fortement, tout simplement pour confirmer aux personnes qui m'avaient sélectionné qu'ils avaient bien fait de m'accorder leur confiance.

Mais, dans ma tête, cela fonctionnait différemment. Aucune joie ne subsistait, au lieu d'être présente à l'esprit, cette envie de bouger au cœur de ce rêve d'adolescent, d'y être partie prenante totalement, se profilait au contraire la peur de mal faire, de ne pas être à la hauteur, de devoir faire preuve de miracles, et mes pensées cherchaient inlassablement le comment faire idéal. Comme nous l'avons vu ensemble, en compétition, dès l'instant où je pense, je compromets mes chances. « Ici-maintenant » avant tout. Agir. La seule chose que l'on me demandait, c'était d'être à ce moment précis, présent à l'action.

Cette puissante persévérance, qui m'avait permis d'arriver là où tout le monde m'avait prédit l'impossible, me lâchait, me laissant esseulé soudain, dans l'image que l'on m'avait répété. Je m'écroulais car je n'avais jamais été dans la position de favori, d'être perçu comme un très bon joueur. Tout à coup, je me refusais inconsciemment le succès.

Je ne regrette rien de tout cela, bien au contraire, car ces expériences malheureuses m'ont donné tant de choses si essentielles à mon bonheur actuel. Ces moments si douloureux représentent l'énergie vibratoire de mes mots présents, transmutés en ce canal créateur et révélateur du potentiel inavoué, de l'être humain en devenir. Aucun sentiment aigre, aucune nostalgie d'avoir raté quelque chose de bien, la simple certitude que cela a été comme cela devait être, et le cœur rempli d'une reconnaissance bienheureuse.

Il m'a fallu beaucoup de temps pour enlever cet habit informe de comportement suicidaire, pour en prendre conscience déjà. Avec la force de ma tête, je créais de toutes pièces cette excuse qui tombait du ciel pour prouver ma malchance. Au lieu de vivre mon succès avec créativité , je préférais me forger un outil protecteur de mon échec.

Avec du recul, cela peut paraître tout à fait désuet et invraisemblable. Mais, à cette époque, je m'étais incarcéré moi-même dans cette limitation mentale, me blessant la chair pour mieux avoir raison ; comme les gens de l'extérieur le disaient, et comme je le répétais : « Je n'ai pas de chance ! »

Je cultivais cette obstination d'évolution inféconde, car mon axe de repères était déplacé en dehors de mon être, chez ceux qui m'avaient tant répété mes incapacités à réussir ce *challenge*. Eh bien, même si les observateurs étaient alors différents et divergeaient d'opinions quant à mes prestations, je conservais malgré tout ce filtre noirci, me jugeant encore et toujours indésirable, en situations extrêmes. Sitôt venue la marche suprême d'une finale, d'une évaluation, je sombrais alors soudain dans le doute par rapport à mes possibilités. Quelque chose de subtil et de foncièrement important me manquait, mais à l'époque, je ne savais pas quoi. Et j'ignorais surtout que je renforçais moi-même ma chute.

À la suite de ces expériences infructueuses, j'ai commencé à accepter de m'accorder beaucoup plus de crédit, quant à la qualité de mes prestations, au fil des autres matchs, d'autres années. Mais, au fond de moi-même, le problème végétait et attendait pour mieux ressortir. C'est à nouveau lors de moments clefs, où cette fameuse pression était alimentée, que je me cassais le nez.

Lors de l'entraînement, au lendemain d'un premier match officiel dans un nouveau club, je me culpabilisais inconsciemment de ma prestation de la veille, l'interprétant en gris propos et en situations néfastes qui m'entouraient, avant de me faire « exploser » la tête sur une parade. Retour à la case « pas de chance », trois semaines d'arrêt, la saison qui commence sans moi, la fuite en avant.

Et tout ce cinéma burlesque, parce que je croyais avant tout en un axe extérieur à moi. Si à cette époque, on m'avais appris l'importance de conserver mon axe en moi-même, si on m'avait initié à son acquisition, j'aurais pu très vite me libérer de mes scénarios romanesques et consacrer mon imaginaire à améliorer mes compétences techniques par exemple, à évoluer. Je suis persuadé également que j'aurais évité ces épisodes successifs de non-respect, vécus, comme nous l'avons vu, avec certains de mes entraîneurs. Le problème ne venait pas d'eux pourtant, mais de ma manière de me positionner moi-même. Je ne m'affirmais pas, car je doutais. Et si j'étais moi-même réticent par rapport à mes capacités, eh bien, je leur donnais l'occasion d'en douter aussi. Et, dans un système voué à la performance immédiate, je ne pouvais que vivre ce déséquilibre.

Grâce à cela, j'ai guéri en apprenant seul comment retrouver l'équilibre. Ce qui manquait, c'était cette fameuse *intelligence émotionnelle,* permettant de trouver les racines du mal et de gagner, athlète et entraîneur ensemble, unis, partageant nos différentes richesses. Leur contact m'a été très précieux, il m'a appris la persévérance pour reprendre sans cesse le combat, et surtout découvrir que la bataille ne devait pas être livrée « en dehors », contre un adversaire, contre une injustice, mais que les plus destructeurs des opposants, mes schémas erronés, se trouvaient à l'intérieur de moi.

Travaillons donc, à partir de cette saine certitude, à polir sans cesse ce diamant, afin d'extraire ces riches qualités de cœur et d'en jouir. Voilà comment nous perdons le contrôle de la qualité de notre vie, dès l'instant où nous évoluons sur les dires subjectifs de l'extérieur. Sur ce thème sportif, ils m'étaient peu favorables, et j'en créais donc la confirmation par mes pensées, puis mes actes.

Pour donner le contre-pied à cela, dès ma plus jeune scolarité, les différents professeurs laissaient entendre que je possédais des aptitudes. J'étais tellement persuadé de leurs commentaires favorables que je n'ai jamais douté de mon potentiel. Aucun examen ne m'a effrayé. Et, vu que dans ma vie sportive j'avais tendance à me faire petit, là au contraire, je devenais rebelle. Je me contentais de la moyenne pendant l'année, les expressions : « Peut faire mieux », je connais, pour sprinter en fin d'année et joindre un nouveau cap avec un sourire narquois, voire insolent.

Une fois, j'ai quand même dérapé, j'ai touché la barre sans pour autant passer par-dessus. Ma fierté en fut affectée, mais je n'ai jamais douté de mes possibilités. Lors des examens, j'aimais cette période intense, où je pouvais surprendre les pronostics, sans jamais manquer un rendez-vous. De ce côté-là, j'utilisais mon imaginaire pour mon bien et de façon créative.

Le plus drôle dans tout cela, c'est que je n'ai jamais été attiré à m'épanouir au sein des études. Mon ventre me criait de chercher mon chemin par le corps. Cette longue période ambivalente entre les études et le sport m'a façonné, m'a enrichi. J'ai simplement continué à étudier, car cela me permettait d'avoir la chance de me consacrer à mes vraies passions de l'époque : le football, le sport, puis l'enseignement.

C'est lors de ma carrière de prof d'aérobic – on appelle cela comme ça, ne vous en déplaise, que j'ai compris à quel point j'adoptais cette attitude erronée que je viens de vous expliquer en long et en large. En effet, au cours de ce premier grand stage international où l'on me pria d'enseigner, j'ai répété ce scénario destructeur.

C'était en Guadeloupe et, durant les exercices d'échauffement du premier cours que je donnais, je me tords la cheville.

L'ambiance était survoltée. Avec obstination, je terminai tout de même la classe malgré la douleur insidieuse. Ce qui devait être une grande fête, prenait des tournures dramatiques. À la fin du cours, direction physiothérapie. Bilan : entorse de la cheville. Imaginez : faire tous ces kilomètres depuis Genève pour trébucher aux Antilles. En fait, dès le lendemain, j'avais un programme titanique et dynamique. Entouré du professionnalisme et de la foi de ce spécialiste de la santé antillais, il me remit sur pied, « strappé » et confiant.

Encore un clin d'œil de la Vie, l'autre professeure invitée, partenaire de cette aventure, était une jeune femme que j'avais connue et appréciée sur les bancs de l'école au début de mon adolescence, sans jamais plus la croiser.

Je réussis à enseigner, grimaçant, mais le cœur joyeux, et j'eus l'occasion plus tard de me rendre compte du noyau erroné de cette attitude. Cela m'a donné accès à une recrudescence d'énergie et m'a permis d'apprécier en toutes circonstances la chance de participer à une grande fête.

Et cette autre expérience personnelle à un autre moment de ma vie. Comme je refusais de voir cette réalité, de ce besoin vital pour moi de prendre une autre route, j'ai eu longtemps pendant cette période de doute, des orgelets à répétition et une irritation cutanée à la commissure de l'une de mes paupières. Plus j'hésitais et je refusais d'envisager clairement une autre voie, d'écouter le « ressenti » de mon cœur, plus cette condition physique périclitait. Dès l'instant où j'effectuai une action cohérente dans cette nouvelle direction, tout disparut définitivement.

Dernier exemple, depuis un certain temps, j'avais envisagé d'arrêter de donner des cours d'aérobic. Au fond de moi, je comprenais bien l'importance d'arrêter un certain type d'enseignement, pour pouvoir passer à autre chose et concentrer toute mon énergie à la création de mes nouvelles activités. Je me fis alors une légère entorse à une cheville. Mon corps renforçait ainsi le bien-fondé de mon choix. Aucun malaise, mais une grande foi en moi-même et en ce désir de faire passer, de transmettre le message de la Vie amie.

J'ai reçu plus d'une fois cette confirmation constante au sein de différents sports, d'athlètes qui, en période où ils se laissaient aller à accepter un état de stress subi, devenaient victimes de blessures à répétition, comme des tendinites, des claquages, des pubalgies ou des entorses...

Dans le milieu des affaires, à des moments extrêmes ou lors de promotions, survenait l'apparition de maladies infectieuses, de déprimes...

Je ne tente pas ici de vous livrer des affirmations sur telle ou telle réaction physique, mais ces simples observations ont pour but d'éveiller en vous la curiosité afin que vous puissiez regarder d'une manière différente certains dérapages de votre corps. Vous aborderez peut-être alors certaines situations de votre existence, éclairé d'un nouvel état d'esprit, pour vous permettre de mieux vous comprendre et de sortir de ces sentiers marécageux et limitatifs.

Accepter le changement, évoluer, passe par ce sincère décryptage de nos attitudes destructrices. Tournez une page, appréciez la richesse de l'inconnu, de la virginité de demain.

L'urgence des urgences, c'est de retrouver son axe intérieur, avant même d'amorcer toute autre action. Dès que nous laissons notre axe se déplacer en dehors par distraction, nous nous exposons à des malentendus douloureux. Tout ce à quoi nous donnerons naissance désormais, sonnera malheureusement faux dans son essence. Avec l'axe de notre cœur recouvré, nous exprimerons au contraire l'éternelle vérité de toutes choses. Et à cet instant précieux, nous ferons le bon geste, au bon moment, dans la bonne direction, porté par la bonne énergie. Par surcroît, nous récolterons tout naturellement de bons fruits de nos dires et de nos actes.

Pratiquer la Vie, c'est devenir « l'athlète du bonheur », qui, en tout instant, a décidé de se consacrer à construire et cultiver sa paix. Avant de bâtir cependant, il prendra soin d'élaguer les racines de ses propres discordes. Ces causes, dissimulées trop souvent à notre regard aveugle, ne font qu'alimenter encore et encore nos désillusions, nos querelles, nos conflits, nos disputes, nos divisions, nos échecs, nos malaises, et accentuent notre mal-être.

Osons choisir cette promesse de vivre notre vie qui nous portera toujours, quoi que nous fassions. La pire des décisions serait évidemment de rejeter son propre cœur. En cédant à la panique des soucis du monde illusoire, nous baignons au milieu d'un océan de ronces épineuses, ballotté de toutes parts. « Vivons grand », faisons ce pas de géant en direction de notre cœur pur, cet oratoire qui transcende ce désir authentique d'être. Chose certaine, nous possédons la force nécessaire pour ensevelir nos soucis défunts dans la profondeur d'un oubli éternel.

Ne cherchons pas à vouloir changer le monde qui nous entoure, ceux avec qui nous travaillons, ceux qui ont des privilèges, ceux qui gouvernent. Avec cette orientation, tout stagnera, voire même empirera. Ne résistons plus à l'appel de notre cœur. Empruntons la voie de la transformation de nous-même avant tout. Tout instant de notre quotidien contient les germes d'une possible éclosion, d'une renaissance au bien-être. Vivre, c'est mourir son passé, afin de vivre son présent.

Que ce livre soit un livre qui rassemble. Qu'il devienne un lieu d'écoute, de partage, pour qu'à votre tour, votre vie offre un lieu de rencontre, un panorama de fête, une réjouissance.

Que votre vie soit une zone où nous nous pardonnons, et où nous pardonnons.

Que votre vie devienne une terre d'intimité où nous proclamons l'Amour pour nous-même, l'Amour pour les autres.

Que votre vie vibre d'un esprit où nous avons le temps, où nous prenons le temps, où nous recherchons la vérité et la sincérité.

Que votre vie dévoile une marque de confiance, de foi en votre cœur.

Que votre vie s'unisse à votre sœur jumelle, la Nature, pour vous remettre le joyau du bonheur.

Cette région merveilleuse de votre vie, c'est « ici-maintenant ». Effectuer chacun, mais ensemble, ce pèlerinage au fond de son cœur, et réunir à l'infini « rationnel et ressenti », « femme et homme », « jour et nuit », « lune et soleil », « enfant et adulte », « tête et cœur », « cœur et corps », « tête et corps », « vous et moi ». Vivre la délicatesse du paradoxe.

Chaque jour, la Vie m'apporte son appui, renforce ma certitude et ma volonté de la célébrer à tout moment. De plus, elle m'a gracieusement légué une abondance impressionnante d'énergie, tout au long de ce voyage en moi-même consacré à l'écriture de ces pages.

J'ai effectué mon premier pas de géant voici quelques années. Le soleil se lève à ma fenêtre, mais pour moi, il s'est définitivement levé à cet instant-là. Depuis, je chéris précieusement cette relation privilégiée avec la Vie amie.

Cette relation avec la Vie, elle commence avec moi-même et le fait d'enfin oser écouter mon cœur aimant qui me chuchote fidèlement « va ». Comme je l'ai déjà énoncé, cela a été parfois très difficile et le sera certes encore, mais le retour de cet éternel départ me ravit l'être, en raison de ce trésor inestimable que l'on dénomme « bonheur ».

J'ai pu apprécier autour de moi une infinité de personnes avoir l'audace de « Vivre grand », de se permettre de faire un pas de géant en direction de leurs cœurs héroïques. Pour certains, ce fut d'oser ouvrir une école de danse, de construire leur propre maison, de créer un commerce, de devenir un champion international, de reprendre des études à un âge avancé, de rentrer au Carmel, de vivre de ses peintures, d'être la muse de l'homme de sa vie, de devenir le *manager* d'un vrai artiste, une femme qui se lance en politique, de devenir fermier.

Il suffit de commencer une première fois, de s'aventurer avec confiance sur cette terre fertile de l'inconnu, sans oublier l'importance d'être aujourd'hui là où vous êtes. Tout vous a amené en ce lieu pour développer votre confiance jusqu'à l'audace, pour « Vivre grand », quand le moment sera venu. La Vie est un éternel recommencement. Voilà l'étincelle merveilleuse de sa raison d'être.

Je ressens une grande gratitude et j'éprouve une reconnaissance infinie d'avoir eu la chance de pouvoir partager en votre riche compagnie ces heures d'allégresse et de joie.

Ce matin, la neige est venue me saluer en recouvrant à nouveau l'étendue de son manteau blanc. J'ai débuté avec elle, je termine avec elle. Telle une fête, le soleil s'amuse maintenant à faire scintiller ces flocons réunifiés au sein de la même présence. Un chien-loup vient gambader, puis tournoie et semble s'enlacer au milieu de ces tourbillons blancs.

La rencontre du silence auprès de cet étang gelé m'étreint le cœur comme s'il me faisait une simple courtoisie. Le vent aime à chahuter mon être et laisse planer des éclats de rire de bonté.

Tout chante la vérité de l'univers. Vivre.

Cette liberté divine caresse de simplicité l'âme de mon cœur.

Vivre

J'ai passé mon enfance entre une ferme et un château. Mes pieds ancrés et conscient de la valeur de la Terre, le regard curieux, inspiré, porté sur le mystère du château de Beauregard. J'étais décidé à vivre mes rêves les plus fous. J'ai beaucoup ri depuis, et j'ai versé de nombreuses larmes également. Mais l'essentiel est préservé, cette envie de vivre.

Les feux de l'aube continuent de briller au fond de mon regard étonné d'autant de beautés : « Oh Dieu, que c'est beau ! ».

Nous possédons tous en nous un trésor extraordinaire, notre plus fidèle allié, notre cœur de chair. Réjouissons-nous ensemble de célébrer son essence au sein de nos actes prochains. Et alors nous serons exaucés.

« Vivre grand », c'est tout naturellement faire confiance à la Vie amie, quoi qu'il advienne.

Qu'il en soit ainsi,

Table des matières

Annexe sur l'auteur

« BÂTIR SON FUTUR AUJOURD'HUI »

Dans les séminaires, les conférences, les coachings, les conseils, Thierry Schneider a parfaitement intégré l'importance d'utiliser l'intelligence émotionnelle pour relever sereinement les défis de demain.

Gagnez vos challenges aujourd'hui
Prenez contact !

INTELLIGENT EMOTIONS S.A.
Rue de Hesse 16
P.O. Box 5342
CH-1211 Genève
Fax : 41 22 311 35 19
Internet : http ://www.intemo.ch
E-Mail : intemo@intemo.ch

PLATEFORME INTEMO

FORUM
Courrier d'informations* échanges d'expériences* événements
Frank Stell
E-Mail : fs@intemo.ch

CENTRE DE FORMATION
Cours et séminaires inter-entreprises et tout public
Développement du potentiel* Stratégies relationnelles
Techniques de communication* Créativité
Marc Maillard

Prenez contact !
Chemin des Vignes 9, CH-1260 Nyon
Fax : 41 22 361 34 43
E-Mail : mm@intemo.ch

Bibliographie

Tout au long de ma démarche personnelle j'ai découvert des ouvrages, puissent-ils vous inspirer... En voici quelques-uns :

Bach, Richard	*Jonathan Livingston le Goéland* 1973, Flammarion
Bourbeau, Lise	*Écoute ton Corps* 1987, 1994, Éditions E.T.C. Inc.
Chopra, Deepak	*Perfect Health*, 1990 *Les Sept Lois spirituelles du succès*, 1996 Éditions du Rocher
Coelho, Paolo	*L'Alchimiste*, 1991 *Je me suis assise au bord de la rivière Piedra et j'ai pleuré...*, 1995 *Le Pèlerin de Compostelle*, 1996 Anne Carrière
Crève-Coeur, Jean-Jacques	*De l'Amour du Pouvoir à la Puissance de l'Amour* 1993, Le Troisième Iris Édition
Dr Dyer, Wayne	*Il faut le croire pour le voir* 1997, éditions Un monde différent
Finley, Guy	*Lâcher prise*, 1993 *Pensées pour lâcher prise*, 1996 Le Jour, éditeur

Goleman, Daniel	*L'Intelligence émotionnelle* 1995, Robert Laffont
Hesse Hermann	*Siddharta* 1988, Grasset
Millman, Dan	*Le Guerrier Pacifique*, 1985 *Le Voyage Sacré du Guerrier Pacifique*, 1991 *La Voie du Guerrier Pacifique*, 1994 Éditions du Roseau
Noah, Yannick	*Secrets etc...* 1997, Plon
Redfield, James	*La Prophétie des Andes* 1994, Robert Laffont
Saint-Exupéry	*Le Petit Prince* 1989, Gallimard
Schmidt, K.O.	*Le Hasard n'existe pas* 1956, Éditions Astra
Turner, Colin	*Made for Life* 1996, Hodder and Stoughton *Born to Succeed* 1997, Element Books *Eurêka !* 1996, Les éditions Un monde différent

. . .

Chez le même éditeur

Ces titres sont en vente sous format de livres ou de cassettes audio

52 activités pour occuper vos enfants sans la télévision, *Phil Phillips*
52 cartes d'affirmations, *Catherine Ponder*
52 étapes pour atteindre le succès, *Napoleon Hill*
52 façons d'aider votre enfant à mieux réussir à l'école, *Jan Lynette Dargatz*
52 façons d'améliorer votre vie, *Todd Temple*
52 façons de développer son estime personnelle et sa confiance en soi, *Catherine E. Rollins*
52 façons d'élever des enfants sans se surmener, *Mary Manz Simon*
52 façons de faire des économies, *Kenny Luck*
52 façons de perdre du poids, *Carl Dreizler et Mary E. Ehemann*
52 façons de réduire le stress dans votre vie, *Connie Neal*
52 façons de rendre vos vacances en famille encore plus agréables, *Kate Redd*
52 façons d'organiser votre vie personnelle et familiale, *Kate Redd*
52 façons pour une mère active de gagner du temps, *Kate Redd*
52 façons simples d'aider votre enfant à s'aimer et à avoir confiance en lui, *Jan Lynette Dargatz*
52 façons simples de dire « Je t'aime » à votre enfant, *Jan Lynette Dargatz*
52 façons simples d'encourager les autres, *Catherine E. Rollins*
52 façons simples de s'amuser avec votre enfant, *Carl Dreizler*
52 rendez-vous amoureux, *Dave et Claudia Arp*
1001 maximes de motivation, *Sang H. Kim*
Accomplissez des miracles, *Napoleon Hill*
Agenda du Succès *(formats courant et de poche), éditions Un monde différent*
Aidez les gens à devenir meilleurs, *Alan Loy McGinnis*

À la conquête du succès, *Samuel A. Cypert*
À la recherche d'un équilibre : une stratégie antistress, *Lise Langevin Hogue*
Ange de l'espoir (L'), *Og Mandino*
À propos de..., *Manuel Hurtubise*
Apprivoiser ses peurs, *Agathe Bernier*
Après la pluie, le beau temps !, *Robert H. Schuller*
Arrêtez d'avoir peur et croyez au succès !, *Jean-Guy Lebœuf*
Arrêtez la terre de tourner, je veux descendre !, *Murray Banks*
Ascension de l'empire Marriott (L'), *J.W. Marriott et Kathi Ann Brown*
Assurez-vous de gagner, *Denis Waitley*
Atteindre votre plein potentiel, *Norman Vincent Peale*
Attirez la prospérité, *Robert Griswold*
Attitude d'un gagnant, *Denis Waitley*
Attitude gagnante : la clef de votre réussite personnelle (Une), *John C. Maxwell*
Attitudes pour être heureux, *Robert H. Schuller*
Au cas où vous croiriez être normal, *Murray Banks*
Cadeau le plus merveilleux au monde (Le), *Og Mandino*
Comment attirer l'argent, *Joseph Murphy*
Comment contrôler votre temps et votre vie, *Alan Lakein*
Comment réussir l'empowerment dans votre organisation ? *John P. Carlos, Alan Randolp et Ken Blanchard*
Comment se fixer des buts et les atteindre, *Jack E. Addington*
Comment vaincre un complexe d'infériorité, *Murray Banks*
Comment vivre avec soi-même, *Murray Banks*
Communiquer : Un art qui s'apprend, *Lise Langevin Hogue*
Créez l'abondance, *Deepak Chopra*
Découvrez le diamant brut en vous, *Barry J. Farber*
De l'échec au succès, *Frank Bettger*
De la part d'un ami, *Anthony Robbins*
Dépassement total, *Zig Ziglar*
Développez habilement vos relations humaines, *Leslie T. Giblin*
Développez votre confiance et votre puissance avec les gens, *Leslie T. Giblin*
Développez votre leadership, *John C. Maxwell*
Devenez la personne que vous rêvez d'être, *Robert H. Schuller*
Devenez une personne d'influence, *John C. Maxwell* et *Jim Dornan*
Devenir maître motivateur, *Mark Victor Hansen et Joe Batten*
Dites oui à votre potentiel, *Skip Ross*

Dix commandements pour une vie meilleure, *Og Mandino*
Elle et lui une union à protéger, *Willard F. Harley*
Enthousiasme fait la différence (L'), *Norman Vincent Peale*
Esprit qui anime les gagnants (L'), *Art Garner*
Être à l'écoute de son guide intérieur, *Lee Coit*
Eurêka !, *Colin Turner*
Éveillez votre pouvoir intérieur, *Rex Johnson et David Swindley*
Évoluer vers le bonheur intérieur permanent, *Nicole Pépin*
Faites la paix avec vous-même, *Ruth Fishel*
Fonceur (Le), *Peter B. Kyne*
Fortune à votre portée (La), *Russell H. Conwell*
Gestion du temps (La), *Danielle DeGarie*
Hectares de diamants (Des), *Russell H. Conwell*
Homme est le reflet de ses pensées (L'), *James Allen*
Homme le plus riche de Babylone (L'), *George S. Clason*
Il faut le croire pour le voir, *Wayne W. Dyer*
Je vous défie !, *William H. Danforth*
Légende des manuscrits en or (La), *Glenn Bland*
Livre des secrets (Le), *Robert J. Petro* et *Therese A. Finch*
Livre d'or de l'optimiste (Le), *parrainé par Véronique Cloutier*
Livre d'or des relations humaines (Le), *parrainé par Pierre Lalonde*
Livre d'or du bonheur (Le), *parrainé par Diane et Paolo Noël*
Livre d'or du gagnant (Le), *parrainé par Manuel Hurtubise*
Lois dynamiques de la prospérité (Les), *Catherine Ponder*
Magie de croire (La), *Claude M. Bristol*
Magie de penser succès (La), *David J. Schwartz*
Magie de s'autodiriger (La), *David J. Schwartz*
Magie de voir grand (La), *David J. Schwartz*
Maigrir par autosuggestion, *Brigitte Thériault*
Maître (Le), *Og Mandino*
Marketing de réseaux, un mode de vie (Le), *Janusz Szajna*
Même les aigles ont besoin d'une poussée, *David McNally*
Mémorandum de Dieu (Le), *Og Mandino*
Menez la parade !, *John Haggai*
Mes valeurs, mon temps, ma vie !, *Hyrum W. Smith*
Monde invisible, monde d'amour, *Joanne Boivin et Carole Champagne*
Motivation par l'action (La), *Jack Stanley*
Napoleon Hill et l'attitude mentale positive, *Michael J. Ritt*
Naufrage intérieur, le vrai Titanic, *Richard Durand*
Objectif : Réussir sa vie et dans la vie !, *Richard Durand*

Osez Gagner, *Mark Victor Hansen et Jack Canfield*
Ouvrez votre esprit pour recevoir, *Catherine Ponder*
Ouvrez-vous à la prospérité, *Catherine Ponder*
Paradigmes (Les), *Joel A. Baker*
Pensée positive (La), *Norman Vincent Peale*
Pensez du bien de vous-même, *Ruth Fishel*
Pensez en gagnant !, *Walter Doyle Staples*
Performance maximum, *Zig Ziglar*
Personnalité plus, *Florence Littauer*
Plus grand miracle du monde (Le), *Og Mandino*
Plus grand mystère du monde (Le), *Og Mandino*
Plus grand secret du monde (Le), *Og Mandino*
Plus grand succès du monde (Le), *Og Mandino*
Plus grand vendeur du monde (Le), *Og Mandino*
Pourquoi se contenter de la moyenne quand on peut exceller ?, *John L. Mason*
Pouvoir de la pensée positive (Le), *Eric Fellman*
Pouvoir de la persuasion (Le), *Napoleon Hill*
Pouvoir de l'optimisme (Le), *Alan Loy McGinnis*
Pouvoir de vendre (Le), *José Silva et Ed Bernd fils*
Pouvoir triomphant de l'amour (Le), *Catherine Ponder*
Prenez du temps pour vous-même, *Ruth Fishel*
Prenez rendez-vous avec vous-même, *Ruth Fishel*
Progresser à pas de géant, *Anthony Robbins*
Provoquez le leadership, *John C. Maxwell*
Psychocybernétique (La), *Maxwell Maltz*
Puissance de votre subconscient (La), *Joseph Murphy*
Puissance d'une vision (La), *Kevin McCarthy*
Quand on veut, on peut !, *Norman Vincent Peale*
Que faire en attendant le psy ?, *Murray Banks*
Regard au-dessus des nuages, *Joanne Boivin et Carole Champagne*
Relations humaines, secret de la réussite (Les), *Elmer Wheeler*
Rendez-vous au sommet, *Zig Ziglar*
Retour du chiffonnier (Le), *Og Mandino*
Réussir grâce à la confiance en soi, *Beverly Nadler*
Roue de la sagesse (La), *Angelika Clubb*
Route de la vie (La), *Carolle Anne Dessureault*
S'aimer soi-même, *Robert H. Schuller*
Sans peur et sans relâche, *Joe Tye*
Se connaître et mieux vivre, *Monique Lussier*

Secret de la vie plus facile (Le), *Brigitte Thériault*
Secret d'une prospérité illimitée (Le), *Catherine Ponder*
Secrets de la confiance en soi (Les), *Robert Anthony*
Secrets de la vente professionnelle, *Jean-Guy Lebœuf*
Secrets d'une vie magique, *Pat Williams*
Secrets pour conclure la vente (Les), *Zig Ziglar*
Se guérir soi-même, *Brigitte Thériault*
Semainier du Succès (Le), *éditions Un monde différent ltée*
Sept lois spirituelles du succès (Les), *Deepak Chopra*
S.O.S. à l'amour, *Willard F. Harley, fils*
Sport versus affaires, *Don Shula et Ken Blanchard*
Succès d'après la méthode de Glenn Bland (Le), *Glenn Bland*
Télépsychique (La), *Joseph Murphy*
Tiger Woods : La griffe d'un champion, *Earl Woods et Pete McDaniel*
Tout est possible, *Robert H. Schuller*
Un, *Richard Bach*
Vente : Étape par étape (La), *Frank Bettger*
Vente selon Ziglar (La), *Zig Ziglar*
Vente : Une excellente façon de s'enrichir (La), *Joe Gandolfo*
Vie est magnifique (La), *Charlie « T. » Jones*
Visez la victoire, *Lanny Bassham*
Vivre au cœur de la tornade, *Diane Desaulniers et Esther Matte*
Vivre grand, développez votre confiance jusqu'à l'audace !, *Thierry Schneider*
Votre droit absolu à la richesse, *Joseph Murphy*
Votre liberté financière grâce au marketing par réseaux, *André Blanchard*
Votre plus grand pouvoir, *J. Martin Kohe*
Vous êtes unique, ne devenez pas une copie !, *John L. Mason*

En vente chez votre libraire ou à la maison d'édition
Prix sujets à changement sans préavis

Si vous désirez obtenir le catalogue de nos parutions,
il vous suffit de nous écrire à l'adresse suivante :
Les éditions Un monde différent ltée
3925, Grande-Allée
Saint-Hubert (Québec), Canada J4T 2V8
ou de composer le (450) 656-2660 ou le téléco. (450) 445-9098
Site web : http://www.umd.ca
Courriel : info@umd.ca